高三突围

主编 / 杜志建

"能考上吗？"

"不知道，但是我还是想考上，

"特别特别想考上，

"这样一来我或许就可以见到许多未曾见过的风景，

"遇到更好的人！"

漓江出版社

·桂林·

图书在版编目（CIP）数据

疯狂阅读. 青春励志馆 1 / 杜志建主编. —— 桂林：
漓江出版社, 2024.3
ISBN 978-7-5407-8639-7

Ⅰ.①疯… Ⅱ.①杜… Ⅲ.①阅读课 – 中学 – 教学参
考资料 Ⅳ.① G634.333

中国国家版本馆 CIP 数据核字（2024）第 061454 号

疯狂阅读·青春励志馆 1
FENGKUANG YUEDU · QINGCHUN LIZHIGUAN 1

主编　杜志建

出 版 人　刘迪才
出版统筹　文龙玉
责任编辑　魏志明
助理编辑　覃滟迪
书籍设计　张　羽
封面绘图　鲸鱼先生
责任监印　黄菲菲

出版发行　漓江出版社有限公司
社　　址　广西桂林市南环路 22 号
邮　　编　541002
发行电话　010-85891290　0773-2582200
邮购热线　0773-2582200
网　　址　www.lijiangbooks.com
微信公众号　lijiangpress

印　　制　河南瑞之光印刷股份有限公司
开　　本　787 mm × 1092 mm　1/16
印　　张　10
字　　数　280 千字
版　　次　2024 年 3 月第 1 版
印　　次　2024 年 3 月第 1 次印刷
书　　号　ISBN 978-7-5407-8639-7
定　　价　22.80 元

声明

　　基于对知识和创作的尊重，本书向所选文章、图片的作者给予补贴。因条件所限未能及时联系
的作者，我们在此深表歉意，当您看到本书时，请与我们联系，以便我们向您支付补贴和赠送样书。
因篇幅有限，部分文章有删节，敬请谅解。

　　联系方式：0371-68698015

目 录

放心，
高考杀不死你18岁的人生

所有的黑马逆袭，
都不是偶然

被安排得明明白白，
不如主动出击未来

到现在我还怀念
和你最后一次吹晚风

高考倒计时的最后一天，
我用完了第300根笔芯

放心，
高考杀不死你 18 岁的人生

✱ 禧 冬

高中是一部
由自己书写的励志史

"那你一定付出了很多。"

说实话，室友说这句话之前，我是打心底里抗拒聊起"高三"奋斗史的，也尽量避免谈及年龄。因为一旦聊起年龄，必定会暴露我的复读生身份。但从她说完这句话，我便不再对那段回忆避之不及，也不再对那段时间所扮演的角色感到"羞耻"。

我确实付出了很多，是我能够付出的全部。我很幸运，父母对于复读这件事无比支持。但我选择复读并不是因为"发挥失常"或者"心有不甘"。而是我从长时间的假努力与自命不凡中跳脱出来后发觉——确实欠自己一个努力的模样。

"我知道你们现在有很多后悔的事，那就不要让一年后的自己再后悔。"第一节班会，班主任语重心长，希望我们不要轻易辜负自己。那时我还不懂这话的意思，直至年岁增长才发觉"不辜负"三个字的难度不亚于高考数学压轴题。

后悔。后悔在每一次该拼尽全力的时候假装精疲力竭，感动自己；后悔在每一次看过答案后自信以为全部掌握，从不回顾；后悔眼高手低；后悔自视甚高而不自知；后悔不在意成绩还标榜自己心胸豁达……

我的目光在抬起头想要忍住泪水时瞟到了黑板旁的倒计时牌。330 天。很奇怪，我不觉得有紧迫感，反而一股没来由的力量让我嘴角上扬。我后来才知道，那叫希望。希望在我竟然又有了三百多天去做我本该做好的事情；希望在"这次不是从头开始，是从经验开始"；希望在我还有希望。

对于我来说，数学无异于噩梦似的存在。数学不仅是主科，更是用来拉开总分差距的一把利器。最后，我还是用了曾经最不以为然的方法：认真听讲，跟着老师走。

起初我买了很多试卷和练习册，但那垒起来足以挡得住我的"书墙"在最开始并没有起效，甚至将我的信心击溃。我总觉得那些是我学过的知识，可看到试卷上一道又一道的叉号，那是我不想再经历的破碎。直至我看到试卷册角落里的一句话，才觉柳暗花明："基础有多坚固，高楼就有多稳固。"一阵凉风吹过，吹醒了我。老毛病又犯了，眼高手低，不重基础导致的后果，我难道没有尝过吗？

我把那些试卷册收进桌内，拿出便利贴将那句话写下，贴在醒目位置。从那天起，我的笔记本记满了很基础的知识，偶尔会加两页引申公式。我当时想的是，高级公式可能一时半会儿记不住，但基础的东西

复读，是复踏阳关路。不是从头开始，是从经验开始。我敢于直面惨淡，便有助己上青云之势。

一定要倒背如流。我确信自己基础过大关的时候是有一天晚上做梦，我在梦里将等差数列和等比数列的基础公式的推导过程完美清晰地呈现出来。都说梦是记不清的，但那天的梦可能过上十多年我还记忆犹新。

在高考考场上，那份检验我努力成果的试卷同样肯定了我的学习方法。我发现高考试卷里那些简单题确实是用基本公式加以仔细计算便可以拿下。中等难度和较高难度的题其实并不刁钻，用基础公式一步一步向下推导，也可以得到不少分。

英语对于我来说，难在口语和听力。在我的家乡，应试教育是主流。所以，从小的英语考试就只以笔试成绩作为唯一的衡量标准。为了提升口语和听力，我按照老师的建议，"多听，磨耳朵；多说，养语感"。在日常的背单词环节里我还加了一项，就是背句子。一段时间过去，我发现将单词放在句子里背的效果翻倍。于是，我把英语书上的课文找出来，每天一有空就会读上两遍。

面对高考的那张英语试卷，我很从容。因为我知道我做了我能做到的全部，所以我不怕。就像西游记里唱的：去你个山更险来水更恶，难也遇过，苦也吃过，走出个通天大道宽又阔。交卷的那一刻，我无比相信，

天亮了。那个时候我终于明白，人在竭尽全力后是可以感应到结果的。

高考成绩出来，是意料之外，也是情理之中。是的，意料之外，情理之中。在这十一个月的时间里，我背了十二遍单词，刷了六遍高考真题，做完了能买到的所有数学试卷，总结了两个活页本的数学典型题，并且翻看到纸张发黑泛黄，窸窣作响。教室门口的走廊见证了我背书的时时刻刻，也见证了我的文综从不稳定的玄学到站稳脚跟的过程。我看到了家乡近十年来最美的一场雪，我的手机相册里收集了西北偏北的这片土地上的三百多场日出与日落。

我不想把高考讲成一个苦大仇深的炼丹炉，但我确实成了孙悟空。更不想将复读这件事说得有多大逆不道，因为这是我给自己的机会。复读前我可能会将复读这件事想象得很苦，很难熬。轻信了他人说的难，低估了自己的韧与强。而现在回头看去，复读不该有"高四"这一听就叫人鄙夷的称号。复读，是复踏阳关路。不是从头开始，是从经验开始。我敢于直面惨淡，便有助己上青云之势。

没错，是我，送我上青云。

"倘若穷途末路，那便势如破竹。"

✱ Wing

我也**独自**走了很远的路，
才来到这里

昨天晚上下班，我一个人走在马路牙子上，走到一个十字路口，恍惚间，我好像突然回到了七年前，高三的那个晚上，画面如此清晰，久久不能释怀。

都说高中时光是一生中最值得怀念的。我赞同，但我怀念的不是幸福，而是痛苦。高中三年的每一天，于我而言都像是在火中锤炼，那段日子，是没有光的，仿佛人生只有一个选择，就是高考。

高三的那个晚上，刚好是二模考试结束，晚自习老师组织我们对理综答案，化学12个选择题我错了10个，那感觉如同遭了灭顶之灾。晚自习还没结束，我心情真的很低落，我跟班主任请假说我不舒服，爸妈会来接我回家。我撒谎了，拿了请假条之后，我就偷偷跑出学校，同样是一个人走在马路上，同样是走到了一个无人的十字路口。只不过那时候的心境和现在完全不一样：迷茫，力不从心，恨自己无能，不知道未来在哪儿，不知道能上什么大学，不知道高考会不会像这次二模发挥超级失常。

高中的时候，我的成绩一直还不错，我所在的高中是区重点，本科上线率90%，我的目标是考上上海的一所大学。高一的

时候我一直是班里前三名，但是高二之后我的成绩就开始慢慢下滑，到了高三就降到第十名左右了。我很努力，但我当时心态很差。我是山东考生，千军万马过独木桥，高考于我们而言就是在拼命，早上五点半开始早自习，晚上十点半下晚自习。中午为了节省时间，我几乎没去食堂吃过饭，随便买个包子或馅饼就回宿舍继续看书。小说里的疼痛青春，电视剧里的青涩暗恋，我全都没有过，我只有无穷无尽的辅导书、做不完的习题和伴随着我三年的颈椎病。

说起颈椎病，高中时期我可谓是各种大病小病，奇奇怪怪的病没断过，难以想象我是怎么撑过去的。颈椎病让我一直头疼、恶心，甚至平均两周就要去一次医院或者做一次按摩。高考的前一天，同学们都在打扫考场，而我头晕发作去了医院。还有就是开始长智齿，牙龈经常性发炎，张不开嘴，没法吃饭。这其实都还不算什么，最痛苦的是高三时由于压力太大，我患上了神经性耳鸣，而且是在临近高考的前几个月。我崩溃了，耳朵里一直有电流声在响，搞得我白天不能静心做题，半夜睡不着觉，甚至爬起来砸床，歇斯底里地痛哭。我觉得

你还年轻，你必须努力，你不必害怕，所有的苦都不会白吃。
未来的某一天你再回头看，真的，轻舟已过万重山。

老天爷在跟我开玩笑，我害怕，怕我在高考考场上，被耳鸣影响，怕我这么多年的努力，毁于一个突如其来的耳鸣。

这种种因素，导致我的心态很崩，每次测验的时候，手都在抖，浑身冒冷汗。三模的时候我的成绩甚至下滑到班里前30名以外。我感觉我彻底凉了，去班主任办公室失声大哭。还好，我当时的班主任是个经验丰富的老教师，他说这是我的瓶颈期，让我不要紧张，该复习复习，不要太看重某一次结果，高考才是最后的战场，现在一切都不能下定论。

之后，我抱着视死如归的心态，拼尽全力地学习，那时候支撑我的信念就是，无论如何我不能让自己后悔，我把能做的一切努力都做了，如果结果不尽如人意那就是我的命，我没有遗憾了。最后那一个月，耳鸣还在继续，我没办法，只能自己去克服，我逼自己集中注意力，逼自己不去刻意想它，慢慢地，我能与它共存了，甚至在高考的时候，我都没有感觉到它。

上考场的那天，我刚去过医院，但是头晕还在持续，早餐吃了两口也都吐了。难以想象，就在这种情况下，我抱着破罐子破摔的心情上了考场。更神奇的是，在考试开始的一瞬间，一切病痛好像都不存在了，我满脑子只有那张试卷。高考结束后，盖上笔帽的那一刻，我如释重负，我感觉自己真的成长了，是那种浴火重生的成长。

高考结果还不错，正常发挥，没有任何意外。我考上了一所优秀的211大学，虽然不在上海，但我也很满意了。

直到后来，我再回头看，我真的好想抱抱那个当时不那么坚强，却硬撑到底的自己。她甚至给现在的我也上了一课——那么难的日子都扛过去了，还有什么是过不去？高考之后的路，我走得还算平稳，以专业前三名的成绩从大学毕业，拿了很多次奖学金，去澳大利亚留学，去英国留学，直到现在，我在上海有了一份工作，兜兜转转，也算是弥补了当时没有考去上海的遗憾。这一切都得益于我当时没有放弃挣扎的自己。你看，真的被班主任说中了，一切都还未成定局。

所以现在我把这段经历写下来送给你，也许你正值迷茫，正值痛苦，压力很大。但你还年轻，你必须努力，你不必害怕，所有的苦都不会白吃。未来的某一天你再回头看，真的，轻舟已过万重山。

✳ 八月长安

去吧，你们会赢的

大约几个星期前，一个可爱的高三老读者木木给我发私信说："二熊，我去断网闭关复习啦，6号我会过来看你的高考微博的。"

我每年都发高考微博。平时再怎么警惕鸡汤文，到了六月，我都会不要命也不要脸地给你们"炖"：

给学霸加油祝必胜。

和学渣说高考没那么重要，条条大路通罗马。

对考砸了又不想复读的学生说人生最重要的是把烂牌打好。

对想复读的学生说，用一年换一生，值！

你看，只要你们高兴，元气满满地去考试，什么鬼话我都说得出来。

但现在我坐在机场等待一架晚点的飞机，面对电脑，忽然讲不出押韵的鸡汤了。

我开始回忆自己的高考，发现记忆几乎一片空白。

我不记得我的高中生活是怎么结束的了，最后一堂课老师怎么收尾，我们有没有哭；我甚至不记得我在哪个考点考试，前后左右坐的陌生同学长什么样子，有没有发生任何好玩或惊险的事情……

最后一科考试结束，铃响，全体起立，把卷子交给老师。那一刻的心情多么珍贵啊，我在想什么？

我竟然都不记得了。

但有两个画面忽然跳了出来。

第一个画面，是最后一科考完之后，我在走廊随着人潮经过一间又一间教室，看许多监考老师在封卷。

忽然在一扇门前听到了哭声。

一个女生几乎要跪下来，死死抱着监考老师的大腿，不断重复："你让我填上吧，求求你了，否则我的人生就要完了。"

我经过这扇门只短短几秒钟，可这句话我一直都记得。年轻的时候我也一样，在每一个错失的机会和每一次遗憾的失败面前痛哭流涕，轻易地认定，我要完了。

但我不想嘲笑曾经的自己和那位陌生姑娘。我说过的，以过来人的眼光看，高考不过是人生中的一个小土丘。但当这个土丘离你足够近，也足以遮挡你全部的视线。

也许对于漫长的人生路来说，高考只是一座小土丘。但是我从来不喜欢以此来表达对这个小土丘的蔑视，更不喜欢那句"考完了就会发现没什么"。

谁能苛责我们呢？18岁，我们还不懂人生，自然以为它特别容易就会完蛋。

就连我自己，都写过日志来记录自己考前的痛苦与崩溃。18岁的我觉得自己一路领先，对于高考成功有99%的把握。但有一天晚上，爸妈都出门了，黑黑的小房间里面只有我一个人，我关了灯，也不想复习，脑子里不停地在想，如果那1%发生，会怎样呢？凭什么人的命运要靠一场偶然性如此之大的考试来决定？会有多少高中三年勤勤恳恳的家伙一朝手抖名落孙山？又会有多少浑浑噩噩的幸运儿进入重点大学，从此拥有了好生活的第一块敲门砖？凭什么？如果考砸了，一直以来的努力还有意义吗？

这个问题我一直在思考，直到今天。

名言警句，人生哲理，是先贤对世界的观察笔记，是前辈对规律的归纳式总结，描述的是概率。只是概率而已，没有一句箴言、一场考试能够百分百保证你的未来。

所以我们为什么努力？

为了将赢面扩大一点啊。

那个被抱住大腿的中年女老师并没有骂那个女生，也没有流露出不耐烦，只是安静地站着，抱着封好的卷子，平静地一遍遍重复："不会完的。"

我猜，那位和我同龄的陌生姑娘如果还记得这句话，她一定会赞同。

我们已经翻过了那个小土丘，后来又翻过了一些更高的山。成功了，便获得更多的选择权、更大的赢面；失败了，就收获一段经历，就生长出更多的悲悯心，去滋养生命，然后继续努力，把赢面再扩大，最后赢下属于自己的人生。

知道吗，做一个成年人特别棒。我们很淡定，我们很自由，我们有特别多的选择权，有你们想要的一切。

所以，请努力、自信、谨慎地度过这两天的考试，然后成为我们的一员吧。

哦，还记得我刚才说的是两个画面吧。

第二个画面是光芒。

我高考的时候下了整整两天的雨，结束时天还是阴的，等我坐上车，开起来，忽然看到前方的云散了，还没落下去的太阳，就这样绽放出一线光芒。

孩子们，去吧，你们会赢的。

❋ 星 宸

遭受校园霸凌后，
我是怎么走出来的

初二那年，作为全校前五尖子生的我，成绩开始下滑，数学甚至考过 50 多分。曾经数学在全考区 7 校联盟的 1000 多人中排名第一的我，面对突如其来的打击实在有些措手不及，特殊的家庭环境无形中又增加了我的压力。

我是个普通家庭的小孩，母亲残疾，生活十分困难。在当时，读高中、上大学对于我来说是一个虚幻的梦，是无法想象的，父母也绝不敢有此妄想。清楚地记得儿时的我，最害怕的是放寒暑假和开学。害怕放假是因为不知是否还有重返校园的机会，害怕开学，是因为那将会是一场"战争"，和父母的"战争"，和金钱的"战争"，抑或是和命运的"战争"。

幸运的是，我是一名英勇的战士，虽久经沙场，却从未战败，一直撑到了初二。父母觉得以我们家的条件，绝对不可能供我读高中，希望我早点放弃，出去打工，以

免在这条"死胡同"里陷得太深，街坊邻里也基本持此观点。而倔强的我却始终相信，金钱不是真正的问题，总会有办法的，只要我成绩好，总会有出路。因此，我一直抗争，一直争取，一直坚持，每一次重返校园，都让我有种刚经历了一场大战而凯旋的喜悦，我把自己想象成一名勇士，一位永远都不会被打倒的将军。但同时，我也知道，只有我成绩足够好，足够优秀，才会得到社会的帮助，才会获得一次又一次打胜仗的资本。于是，我对自己学习成绩的要求近乎苛刻，因为那是一种求生的本能。

面对大坡度的成绩下滑，年少的我有些不知所措，只得蛮干。所谓蛮干，就是每天忘我地学习，除了吃饭、睡觉都在学习，甚至宿舍熄灯后还在厕所的路灯下学习，不跟同学们玩。一开始，还经常有同学来找我聊天，约我出去，但都被我拒绝了，时间久了，他们就渐渐和我疏远了。他们看

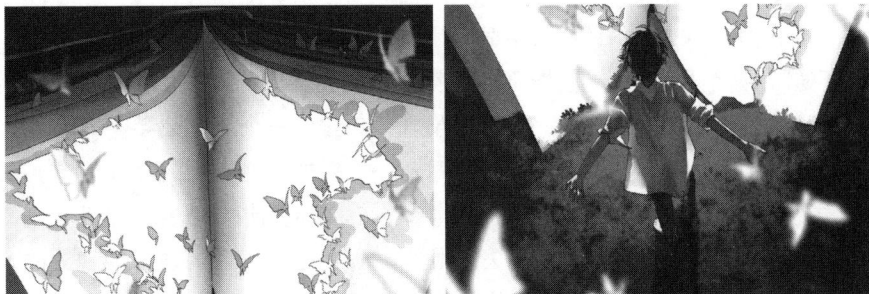

　　我,一个普通家庭里的孩子,在经历了苦难的童年,艰涩的青春,以及校园霸凌、抑郁后,依然能够健康快乐地生活,进入全国顶尖 985 高校学习深造,追逐属于自己的梦想。其中凝聚了太多的爱与温柔,我写下这些文字,希望给那些在黑夜里挣扎的人们一些追光的勇气。

到我无时无刻不在学习,而且成绩非常好,(成绩好和差是相对的,虽然我那时成绩有所下滑,但仍然是全班数一数二的,是班里大多数同学无法企及的),他们就开始恶搞我。我至今仍然无法忘记:打开文具盒,里面扭动的大绿虫,凳子上的胶水,被烧焦的头发,以及水杯里的粉笔灰……

　　起初,我觉得同学们可能没有恶意,只是闹着玩儿,就置之不理,自己处理掉"案发现场"后,继续缩在角落里学习。我喜欢坐在墙角靠窗的位置,一方面是有安全感,另一方面是可以透过窗户看到光。直到有一天,我发现他们的行为严重干扰了我的正常生活,我会不自觉害怕,总是小心翼翼的,觉得有人在议论我或是不怀好意地看着我,再也无法置之不理的我终于开始反抗了。我对恶搞我的人大声吼叫,冲他们发火,第一次遭到如此激烈反抗的他们在震惊之余,开始加大火力群攻,变恶搞为真搞,我再

次以锐不可当之势杀了回去,但早已胆战心惊,赶紧告诉了老师。

　　老师温柔地鼓励我说:"嗯!我知道了,没事儿,你去学习吧,我一定会帮你处理好,别担心。"这是我第一次反抗,也是最后一次,因为从此再无被霸凌的经历了。但这已经太晚了,距离最初被恶搞已经整整一年了,我已经受到了严重的精神伤害,甚至有了抑郁的征兆(但当时没有想到去检查,后来回想起来,应该是这时就抑郁了)。我经常地、反复地头痛,困倦、乏力、恐惧、厌学,成绩再也上不去了。抑郁症是个什么玩意儿?穷乡僻壤长大的我根本没听过,也没那个意识,也就没有去查,每次都以为是普通头痛,去卫生院拿点儿药吃了就完事。但头痛一直反复,百治不愈。初三,临近中考,也没有时间和精力顾得着这些,我就一直硬撑,直到中考结束。"瘦死的骆驼比马大",我仍然以全班第二的成绩考入

了重点高中的重点班。

高中，第一次去县城的我很不适应，"语言不通"，听不懂课，学习也跟不上，彻头彻尾地成了一名"差生"——全班倒数第一。经验告诉我，要再一次蛮干，我每天都学到凌晨一两点，甚至有时还会通宵，但不管多么拼命，成绩总是上不去，最多只能达到班里中等的水平。那种拼尽全力也无法跟上的无力感让人窒息、无助、绝望。长期的睡眠不足、无法承受的课业压力、竭尽全力也无能为力的无助感彻底压垮了一个16岁的少年。我的病情再次加重：头痛，恶心，厌食，厌学，整夜整夜地失眠。我走遍了全县的每一个医院，看遍了中医西医，甚至父母还给我请了算命先生，先生说我人限将至，将不久于人世，让父母准备好后事。全家陷入了悲痛和绝望之中，我自己也陷入了深深的痛苦之中。那时候，我考虑的不再是成绩了，我第一次感觉到健康的重要性，第一次深深地渴望自己能像正常人一样活着，能不那么痛苦，能美美地睡一觉就好，我愿意用全部的智商换回我的健康，哪怕几年，几个月，甚至是几天也好。

病魔让我抓狂，埋在深深的书山书海里，却看不进一个字，整天整夜地躺着却从未合眼，无时无刻不希望有人来拯救我。就在这时，我又一次去了那个我已经去过无数次的县医院，这一次，医生没再给我开药，而是坦诚地告诉我，他们医院的设备和医生的水平都有限，没法治疗我的病，建议我去西京医院检查。在西京医院我被查出了轻度抑郁症，医生建议我好好休息，注意锻炼身体，多运动，放松心情，就没

什么事儿了。

回到学校后，我告诉老师我得了抑郁症，老师们都很惊讶，觉得我如此积极上进的一个人怎么会得抑郁症呢？当时，我对抑郁症没什么概念，也就无所谓忌讳。别人问我什么病，我就告诉他们，并没有觉得有什么不可告人的，我身边的人也都没有用异样的眼光看我，他们貌似像我一样，将此病看作和普通的头痛没什么区别。也许，那时候的我们都没有认识到抑郁症的可怕，也许，我并没有表现出什么异样吧。

并非看了医生，查出了症状就有治，吃药就会有效，在此后的很长一段时间里，我依然在痛苦中挣扎，只是程度不同罢了。当时，因为痛苦，我学不进去，而且记忆力下降，甚至到了什么都记不住的程度，对于学习的担忧让我崩溃。在内心深处，我觉得自己可能永远也赶不上来了，再也不可能回到学霸时代了，现在连努力的机会和可能都没了。我隐隐觉得自己在读书这条路上已经走到了尽头，走进了死胡同。想到这里，已经好久都没哭过的我因为过于痛苦而泪流满面，我知道，那是对过去十几年读书生涯的告别，是对理想的告别。

我决定放弃了，因为害怕做不好，因为已经没有了东山再起的可能，因为太累了，不想也无力再挣扎了，所以选择放弃，至于放弃读书后，去哪里，做什么，我不知道，我只想逃离眼前的世界和当下的痛苦，获得灵魂的解脱。我把想要退学的想法告诉了班主任老师，老师搂着我的肩膀，边给我抹眼泪边说："能走到现在，已经很不容易了，而且你成绩这么好，就像现在这样，不用多努力，随随便便都是一本，放弃太

可惜了。你看这样好吗？第一，如果你还愿意坚持的话，你就像现在一样，在班上待着，想听课了就听，不想听了可以睡觉，如果不愿意，也可以不写作业，什么时候觉得无聊了，想学习了，想看书了再学会儿，有不懂的，有什么想问的问题，再随时去问老师。如果不想待在教室里，想回宿舍休息也可以，给我说声就好。第二，如果你觉得自己确实需要静养，想回家的话，也可以先回家休息一段时间，一个月，两个月，三个月都没关系，想来了再来。不用担心学习跟不上，跟不上了也没事儿。第三，如果你现在确确实实不想再读书了，也可以直接办个休学手续，休息一年，明年直接和下一届一起再来，在这一年中，你可以给自己放个长假，去做自己想做的事情，让自己开心起来。这些选择都很好，都没关系的，人生那么长，不差这一年。"

老师的劝解让我泪流满面，我感到几分轻松，几分释然，更多的是感动。在全校最好的班级里，学校领导和老师、家长们都盼着我们出成绩，而班主任老师却允许我"瞎混"，只要我能开心点儿就好，只要对我的健康和成长有利。自此，我也慢慢地学会"放过"自己，过上了佛系的生活，跑步，打球，看课外书，睡觉，出去逛街，吃好吃的，偶尔翻翻课本，做做习题，就这样度过了高中的后两年，自由、快乐、简单而没压力的两年。至于学业，就让它见鬼去吧，哪怕考个二本我也能接受，我只关心自己是否快乐，是否可以每天都安安稳稳地睡一觉。

在重点高中的重点班过着浪荡的生活，稀里糊涂地走进了高考的考场，高考成绩出来后，我不出意外地考砸了，文综比平时模考低了近60分，但还是超出重点本科线9分，我选择了西安一所一本高校的市场营销专业。没能上名校，有些遗憾，但也能接受，我带着淡然的心境，结束了我那有些狗血而又传奇的高中生活，平静地走进了大学——人生的又一个站点。

大学生活自由、平静而美好，这对我病情的好转有极大的帮助。大学里丰富的知识、单纯的友谊、浪漫美好的爱情以及自由的空气，对于从昏暗中挣扎过来的我来说，都是意外的惊喜，是上天最美好的馈赠。梦想再次被点燃，我有了考研的想法，因为热爱历史学，最终选择跨专业考研，经过努力，我顺利考入了武汉大学历史学专业。

我站在珞珈山下，美丽的武大校园里，看着来来往往的人群，回想我走过的这段路，感慨万千。从初二到现在，时间已经整整过去了10年，那些曾经被霸凌的日子，在黑夜里看不到希望、死死挣扎却绝不放弃的时光，那些被病痛折磨得无所适从、却被温柔以待的岁月，都让我惊奇地发现，生命竟能如此坚毅，时间竟然如此神奇。这么多年，我走过很多路，读过很多书，见过很多人，最让我感动的，还是弱小生命永不放弃的挣扎和执着，是人与人之间相互依偎的温暖，是我们不断奔跑，不断摔倒，却永远都有再次出发和重新站起来的勇气。生活很艰难，成长很苦涩，但最珍贵的，是我们永不放弃的执着。做一个勇敢的追光者，即使生命如蝼蚁，却依然要仰望星空；心中有梦，眼里有光，脚下才有力量。

✳ 地母格格

你曾经为了**高考**有多**拼命**？

你曾经为了高考有多拼命？

作为我们那个县级市的文科状元，我有兴趣来回答一下这个问题。

初二的时候因为奇怪的虚荣心驱使，我怀着一股不能让所有人看轻的劲头，跟着数学老师认真学习过一阵子之后，发现了数学之美。从此开启了我的学霸人生。

初二初三的每次大考，我都是年级第一。后来进了全市最好的高中，聪明人多起来了。拿年级第一有难度了，但是年级前十名没问题。

如果说初中是从内心热爱学习的话，高中则慢慢演变成为了维持优等生的身份而在努力学习。当时的我并没有察觉到其中的微妙变化，一心扑在学习上。

我每天 5:30 起床，在家背 40 分钟英语，然后骑车去学校。骑车大概有 15 分钟，我并不会放空头脑，这个时间我会在头脑中复述历史。到了学校，便是一天无止无休的自习和上课。跟着学校的节奏走就是了，我很扎实地上好每一节课。但是因为老师讲的内容普遍更加基础，节奏也因为要照顾大部分的同学而稍慢于我的进度，而我给自己安排的节奏是连续高压式的，所以我会一边听课，一边按自己的进度做练习。大量的练习、演算、自测，都是自己给自己安排的，这个过程就是通过所谓的题海战术训练一种手感，一种本能，达到一看到这种题，你就知道要怎么解的境界。

有一阵子，我连刷牙的时间都不放过，在头脑里面背历史地理政治。

晚上是要上晚自习的，9:30 放学。回家后吃夜宵，洗漱，10:30 继续学，一般学到 12:00，看状态，有时候 11:30 结束。

文具盒里贴着北大和复旦的照片。

凭着一股信念，我把自己设定成了机器人，情绪的起伏波动根本不成问题，因为我甚至忙到没空去情绪波动。

高中整整三年，起码有两年是这么过的。

后来，我高考发挥稳定，其他学霸发挥失常，我意外成了状元。我觉得那是老天对我两年苦日子的额外犒赏。当然，这

我不鼓励读书无用说,相反我觉得人生绝大部分问题,都可以在书里找到答案,过得不开心、活得不明白,多半是因为书读得还不够多。

些其实并不是我想表达的重点。

再后来,我去了大学,疯玩四年,学业荒废。状元长大了就成为仲永,自食恶果而已。直到今天,我还在还年轻时欠的债。

会出现这种情况,是因为大学时候的我,特别讨厌学习,听到学习就想吐。我再也不愿意看书,和14岁那个发现数学之美的自己比,境界不知低了几个档次。

是什么让我和初心背道而驰呢?

我觉得,普天之下,再没有比考试更能让一个学子忘记初心,并摧毁他学习热情的事儿了。听过一个故事吗?以前孩子们很喜欢到一个爷爷家门口的院子玩。老爷爷嫌他们吵,赶了好几次,效果都不好。后来老爷爷不赶人了,反而给去那儿玩的孩子们一些零花钱,每次去都有,大家去得更勤了。突然有一天,老爷爷不再给钱。孩子们很生气,说:"你不给钱,我们再也不到你这里玩儿了!"

初心是怎么被遗忘的,这故事说得再清楚不过。而考试成绩是如何扼杀掉学习

兴趣,自己篡权上位的,自然也不言而喻。

啰啰嗦嗦地讲了一堆,不知道你们清楚我想表达的是什么没有。我想说的是,高考好重要,要重视,要高分。但是一定,不要让这些面目可憎的考试和测验,抹杀了你对学习的兴趣与热忱。

学习,本应是很快乐的事儿,很自我的事儿,无需他人的评价与对比。

享受就好了。

即使现在高三的你,还没办法享受,那就心怀对学习的高度热情,咬牙挺过去,跨过这一关,恭喜你,就离你想要的自由,近了一些。

我不鼓励读书无用说,相反我觉得人生绝大部分问题,都可以在书里找到答案,过得不开心、活得不明白,多半是因为书读得还不够多。

但我也绝不苟同高考的方式。

最好的应对之策是,把它当成一个练级的游戏,你是修炼技能的侠客,一关关地闯过去。

撑到最后,别有洞天。

✲ 一粒米

不要成为那个**失败者**

2024 年 6 月 27 日下午 5 点准时公布成绩。此时的你内心忐忑，手指不停地颤抖，一遍又一遍地输入账号和密码。

你明白，你的结果不会太好。

去年开学的前夕，你雄心壮志，买了一本笔记本，花了一个多小时写下一年的计划，给自己定了个宏伟的目标，例如，我要考上郑州大学。

写完，你重重地合上笔记本，你相信并且确信你在这一年会变成屠龙的少年，杀死恶龙，获得世人的赞扬。

在这一年里，你不停地更改自己的计划、目标，时而高时而低。当你听到老师的鸡汤的时候，浑身打了鸡血一般，可无奈三天热度是你的本性。

拖延症、手机游戏、短视频……你沉醉在其中，你觉得时间那么漫长，你相信奇迹，你在网站搜索：

300 天如何考 600 分？

200 天如何考 600 分？

100 天如何考 500 分？

一个月如何创造奇迹？

思想上的巨人，行动上的矮子。

时间过得是如此快，快到一眨眼，今天就是高考。

你后悔，懊恼，责怪自己为什么不逼自己一把。

你终于打开了网页，一个如你所料的分数，你内心掀起波澜，顿时觉得胸闷，说不出来话。电脑不停显示着 QQ 发来的消息，有的在群里报喜，有的私聊问你多少分，这一刻，仿佛世界其他角落都充满欢声笑语，而唯独只有你的一个角落，充满了痛苦与悲哀。

你的手机响起，不敢去接，害怕开口第一句之后，便无法收场。

每个人听到消息之后，都安慰你，但你不知道，你的某些亲戚把你作为反面教材去教育他的子女要好好读书。

你的父母要求你填志愿，他们精挑细选的几个学校，你看后，满是不屑，不喜欢的学校不喜欢的专业。以前你看不起的学

在这一年，你只有两种选择：

第一，重蹈覆辙。

第二，认认真真地为了自己的理想而全力以赴，不抛弃，不放弃。

校，以后却要成为这所学校的学生，对于你来说，多么大的讽刺，你想反抗，你想怒吼，可是回过头来发现，一个失败者永远没有选择权。

你的分数让你去不了复读学校，你的家庭环境不足以支撑你去复读，你不能后退，只能前进。

你妥协了，你将就了。

等待录取的日子，你逐渐适应了现在的生活，你告诉自己，天生我材必有用。安排好要上大学的一切准备，只等录取消息来的一刻。

分数线公布的那天，你发现今年水涨船高，志愿上所填报的几所学校，你都没有达到，这对你的打击更加严重，犹如晴天霹雳。

得知消息，家人开始变得不耐烦起来，但又不得不尽到作为长辈的责任。他们帮你挑选了几所偏远地区的学校，在这样的学校，学生的每日生活都如行尸走肉一般，混吃等死。

你哭了，觉得生活好无情，好残忍，殊不知现在长出来的果，都是当年自己种上的种子。

时间到了23:59，最后的1分钟，你将按下确认键，你将会去到你不喜欢的学校，学着不喜欢的专业，过着在你看来没希望的生活。

你不甘心地按下确认键，你睁开双眼，2024年8月3日0:00。

还好，这只是一场梦。

在这一年，你只有两种选择：

第一，重蹈覆辙。

第二，认认真真地为了自己的理想而全力以赴，不抛弃，不放弃。

世界上有后悔药的话，每个人肯定会选择第二种，但他们不知道，即使他们选择了第二种，面对诱惑和低级的欲望，不去抵制的话，他们最后的结局往往会变成第一种选择。

要成功，你就得付出。

换做是你，将会是哪种？

✿梁珂
周七

你在哪一刻意识到，
自己只是一个
没开金手指的普通人？

人容易在新年的伊始胡思乱想。这些天，我脑子里总盘旋着不知从哪看来的这句话："你必须不再渴望拥有一个更好的过去。"

它让我想起一些和时空穿越有关的故事。比如《神秘博士》里，博士带梵高去21世纪的法国，看梵高画展。比如《午夜巴黎》，二流好莱坞编剧在塞纳河畔邂逅海明威、达利和菲茨杰拉德。还有《哈利·波特》，赫敏转动时间转换器，回到月圆之夜前，营救小天狼星。

这些故事往往指向遗憾、不甘和对此时此刻的焦灼。

这些故事往往如此结尾：冒险结束，过去的一切归于原状，什么都没改变。

不知从何时起，我开始接受这样的结尾。往事不可追，人力有限，无法螳臂当车，改变时间的流向。我们能下的功夫，只有此刻和未来。

我相信这并非一种消极。当你意识到人力有限，命运的金手指并非与你站在一边时，你的人生才真正开始。

上周，我在文章里问了大家一个问题：

你在哪一刻意识到，自己不是被命运的金手指选中的人？

提问的一部分缘由，是假期我看了部电影——《金手指》。在这部电影里，让我动容的却是唯一一个没开金手指的角色——一个普通人，他花了十五年时间，去对抗一个势力远胜于他的犯罪集团。

一个能坚定迈过十五年的人，不会轻易回头看。

翻看收到的回复时，我不断想起那句话，"你必须不再渴望拥有一个更好的过去"。

以下你将看到的，是一些人曾经渴望改变的过去。

有的人写得很长，写得令人心脏收紧。

往事不可追,人力有限,无法螳臂当车,改变时间的流向。

我们能下的功夫,只有此刻和未来。

如果你也自认只是一个普通人,我希望你能读完。它们中的有些回答,会让你想要相信一些乍听起来不那么闪光的事情,比如坚持,比如努力。它们会让你想要赢一次。

看到高考成绩的那一瞬间。

——Anncy

发现我的爸爸妈妈、爷爷奶奶,以及祖辈就是平民老百姓时。

——七栀

毕业后的第一份工作受挫,打电话向妈妈求助,问如果回老家能安排工作吗。收到的回复只有两个字,"不能",斩钉截铁。

——好不好 ivy

非常用心非常努力写的论文,比不上室友熬几个大夜写出来的。我可能没有

天赋。

——大树

小时候,每次选跳舞的小朋友,总没有我!

——璐璐

考研三次,每次都差一分。

——半日闲

和同学一起面试心仪城市的心仪工作,同学选上了,自己落选了。

——手剥橙子才有灵魂

第三次去面试,她们找了个没毕业的实习生面试我。

——林三岁

照镜子看自己,突然发现泯然众人,

17

家庭失败，工作普通。十八岁时高喊自己独一无二，值得世间所有美好的那刻，仿佛是上辈子的事情。

——有枝

编制考试最后一关查成绩，招两个人，我排总分第三。反复看排名第二的那个名字，说不出话来。

——Tea

博士开题，成绩倒数。做了二十几年好学生，原来做差生是这种感觉啊。

——丸子

今年博士毕业了，以为自己是天之骄子。结果进了一家很卷的小公司，在完全没经验的产品部，每天做一些无意义的表格筛选工作，毫无成就感，也不敢离职。一直以为努力就能得到回报，走到现在，终于发现，我并非明珠，只是偌大城市的小小蝼蚁。

——鲸三

大概就是上学的时候，别的同学睡手可得的东西，我需要用积攒了几年的压岁钱买到。一本词典同学借了之后迟迟不还，我犹豫好久不敢开口询问，那时我在想，是不是因为她轻易就能得到，所以觉得什么都不珍贵。直到现在工作了，同龄人买车买房的也是大多数。我现在的感受就是，是该学会接受自己的普通了。没上过大学是我这辈子最大的遗憾，所以感谢还有自考这条路。我坚持了三年，后来每天下班后就学习一两个小时，看网课，刷真题，很多次睡着了又爬起来继续刷。还有一科我就考完了，只要自己是在努力，什么时候

开始都不算晚。

——G

1.考研一战败于心智的时候。2.考研二战败于不够努力的时候。3.考研三战败于分数线的时候。4.考研四战败于新冠的时候。5.考研五战，释然，一场考试罢了。6.我还会继续考的，直到考上。

——daidaiasc

我中考的时候就已经意识到了自己是个普通人。不努力学习，就不会有更好的成绩。工作多年，也只能死磕。早上起不来的床，白天做不完的事，晚上加不完的班，深夜睡不着的觉。难打交道的人，难吃的饭，难喝的水。寒冬的凌晨打不到的出租车，酷暑的中午找不到的阴凉处。领导的责备、同事的推脱、下属的糊弄。还有什么呢？太多太多。

——呦呦

踏入社会的第一份工作，是在一个离家很远的小商铺做仓管跟单收货员。早晨骑着单车上班，冒雨过马路而地太滑重重摔在地上的时候，我觉得我摔进了无比真实的生活。

——Day

学了十六年的英语，大学专业是国际经济与贸易，最终从事了乡镇基层行政管理工作。感觉我的人生不但没开金手指，还被金手指戳到了地上。刚上班的第一年，有时会加班到十点，通勤四十公里，疲惫，但精神压力不减，所以入睡困难，直到在某视频网站找到了寺院钟鸣声，听着它才

渐渐平静入睡。新的一年想对自己说，坚持不了也没什么。坚持的意义在于每个坚持本身，而不是最终一定要达到的目的。

——Su梓椰

今年是我上班的第十年。刚毕业那年是行业巅峰期，我的工资水涨船高，恍惚让我觉得自己可能真是个厉害的人。近一两年才明白，个人能力无法与时代背景相抗衡。接受这样的结论后，轻松了一些，不再因为外部因素而自责。继续做一个热情且努力的普通人。

——可可

从2000年律考开始，一路死磕，直到2020年通过法考。

——我自己

小升初差一分考入精英教资的"万里班"。朋友差六分家里找关系进去了，我没有。高中毕业之后我去了大专，她去了复旦。十八岁之后家里没有给过一分钱，坚持攒钱供自己读大学，买房买车。别人嘲笑我抠门，但我想对他们说，"你看，我靠自己读完了大学，买了房车，以后还会有更多更好的事情"。

——明天

教师资格证我从2019年考到了2024年。笔试第一次差两分，第二次差一分，第三次弃考，第四次通过，到2023年面试，终于！我通过了！我终于做好了一件事！

——阿闫

工作十八年，想裸辞十七年。失眠时闭上眼睛，满脑袋都是明天必须要做的事情。一直坚持，想证明我可以，我是优秀的。最后做到了财务经理。很确定自己不喜欢这份工作，但还是安慰自己，可以做到经理已经很值得感恩了，工作就是付出会有回报的事情。

——木木夕

一直都是那个没被开金手指的人，无论是家境、智力还是其他……高中时一心想考985（是个非常俗气的梦想，也许早已经烂大街了），想考南开，想考厦大。那时候真的是拼了命去高考，别人睡觉了我就去厕所做题，吃饭永远不超过十五分钟，睡前脑子里还在过题过单词。但在我们县重点高中，我的成绩永远是中下，高考考得不算好，选择了一所外地的"双非"。去报到的火车上碰到了一个当地阿姨，聊天的时候她无意说出"这个学校很一般很一般"。我自尊心受到了极大的伤害，躲进厕所就开始偷偷哭，心想我一定要混出人样。大学四年一直好好读书，努力兼职，大四那年偶然得到了保研机会，偶然来到了一所985，一个非常非常好的985，甚至远超我的想象。现在我已经非常满意啦。虽然还是面临毕业后找不到工作的窘况，但这已经是第二程人生的事情啦。

——今天橘子早睡了吗

考公四年，屡战屡败。每次都败在面试上。对于缺乏自信的我来说，开口说话一直是弱项。支撑下去的动力就是不服输，每天睡觉，刷牙，活着，再坚持。坚持就是坚持，坚持不一定意味着目标的达成。但当你坚持了足够长的时间后回首看，你会对自己有新的认识:原来你比想象中的要坚强、勇敢、义无反顾。

——芋头兔子

等待考研复试结果的那半个小时,小小的走廊我踱步无数来回。这条路上遇到的困难真是太多啦,我感冒、贫血、内分泌紊乱,被一起学习的伙伴频频打扰,考前遇上了新冠。但我没放弃,我发烧坐在了考场上,因为我相信,老天有眼。如今,我上岸啦,被调剂到了一个还不错的学校。老师说,看得到我眼里的冲劲。

——xb

高中拿了三年的黄冈小县城中学第一,高考出成绩的时候勉强一本线。那一刻真的意识到,拼尽全力也没办法越过师资力量的鸿沟,我就是个普通的小孩子。毕业六年换了三次工作,从外企零售行业到互联网行业再到半导体行业,从财务到运营再到产品开发项目经理,每一步都很难。努力攒钱,买到了自己的房子。或许终其一生我就是个普通的小孩,但那又怎样?勇气就是认清这个世界的荆棘,依然坚持热爱生活。

——Sylvia

法律职业资格考试。从2018法考元年,每一年差几分,终于在2023年底低分通过。看见成绩的瞬间,真是"轻舟已过万重山"。想对自己说,"你很少能赢,但偶尔也会"。

——知名王友

以前总是怨天尤人,呵风骂雨。我

2023年的关键词是"接受",2024年我想做到"平静"。

——理fe

我好像已经被拍打过无数次,早就接受了自己是块普通礁石的事实。随即我开始整理简历,刷起招聘软件。我将奔赴尽管普通却困难重重、金光闪闪的世界。

——且休休

最后,想分享一个听过多次的故事。

罐头是在1810年由英国人发明的。而开罐器则在1858年才于美国获得专利。人们常用这个故事来预示,重要的事情总是迟来一步,比如正义,比如人与人的和解。可能要耗费十年,二十年,或是四十八年。

最近一次听到这个故事,是假期看电影的时候。《金手指》看到结尾,刘德华扮演的调查员耗费了十五年时间,才将梁朝伟扮演的反派绳之以法。

十五年间,他对反派的八次拘捕均以无罪释放告终。面对对手充满轻蔑的挑衅,他风轻云淡地讲述了罐头与开瓶器的故事:"有些时候,重要的事情总会被解决,只是需要时间。"

在他的口中,这个朴素的故事格外动人。或许在很多年前,他就已经意识到,眼前的犯罪集团是他这样一个小职员难以撼动的。他只是普通人,没有点石成金的势力和好运。但没关系,时间会成为他的助力。普通人,也可以撼动盘根错节的犯罪网络。

希望在未来的某一天,在你熬过了漫长的灰心,得偿所愿时,你也能像他一样,云淡风轻地讲起这个故事。

✳ 七堇年

18 岁不可承受之重

18岁，在千辛万苦熬过了高三之后，我没有考上清华。

原因竟然不在数学，而在文科综合。揭晓分数的那天，我听完电话里的报数，在草稿纸上加了3遍，得到的仍然是那个我不想面对的数字。我倒在床上蒙头痛哭了整整一天。母亲坐在客厅，也是默不作声地落泪。过了很久，她悄悄来到我的床边，抚摸着我的头，那么无奈而痛心地安慰我："不要哭了，乖，不要哭了。"

烈日不怜悯我的悲伤，耀我致盲。彼时过于年轻脆弱，我只知道蒙头痛哭，在盛夏7月，眼泪与汗水一样丰沛。我仿佛听见命运的大门缓缓关上的吱呀声。我一度那样真真切切地以为，那是我人生中最无可挽回的失败。在后来高中好友们——被名牌大学录取的报喜声中，在后来一次次首都顶尖高校的昔日好友满面春风的精英型同学聚会中，我愚蠢而耐心地反复咀嚼着这一次失败的味道，几近一蹶不振，为这一个理想的幻灭赔上了此后将近3年的无所事事的荒凉青春。在20岁出头的关口，我才明白过来，不能从一次失败中站起来，永远跪在地上等待怜悯并且期待永不可能的时间倒流，才是人生中最无可挽回的失败。

母亲想要安慰我，像《我与地坛》中那个欲言又止的可怜的母亲那样，对我说：

"带你出去走走吧，老这么在家里不成样子。"我是带着这样一种失魂落魄的心绪，去往稻城的。自驾2000多公里，从四川西南，北上到花湖，再南下，去往藏东的稻城亚丁，途经红原、八美、丹巴等与世隔绝的绮丽仙境。巍巍青山上，神秘古老的碉楼隐匿于云端，触目惊心的山壁断层上苍石险峻。月色辉映的夜里，沿着狭窄的公路在峡谷深处与奔腾澎湃的大河蜿蜒并驰，黑暗中只听见咆哮的水声。翻滚的洪流在月色之下闪着寒光，仿佛稍不注意一个急转弯，便会翻入江谷，尸骨无存。头顶着寂静的星辰，我在诗一般险峻的黑暗中，在行进着的未知的深深危险中，渐渐找到一丝不畏死的平静。

我曾经说过，其实人应当活得更麻木一点，如此方能多感知到一些生之欢愉。明白归明白，但我或许还将终我一生，因着性情深处与生俱来的暗调色彩，常不经意间就沉浸在如此的底色中。希望、坚持等富有支撑力的东西总是处在临界流产的艰难孕育中，好像稍不注意，一切引诱我继续活下去的幻觉就将消失殆尽。

7月，在行驶了2000多公里之后，在接近稻城的那个黄昏，潮湿的荒原上开满了紫色花朵，落雨如尘，阴寒如秋。孤独的鹰在苍穹之上久久盘旋。我眺望窗外的原野，身边坐着母亲。

高三时，我在外读书，母亲常常专程来看我，赶30多公里路，给我带来我喜欢吃的东西，热乎乎地装在包里，外加很多她精挑细选的水果、营养品。我由此越发懂得什么叫可怜天下父母心。有次她借着出差的机会，又带上很多东西来看我。白天忙完工作，傍晚时才来到学校。母亲就这么静静地坐在我的宿舍里，干等我一个晚上。那天晚自习照例是考试，我急不可耐地交了卷，匆匆赶回宿舍和母亲相见。没说上两句话，很快就有生活老师催促熄灯，母亲说："那我走了，你好好的，要乖，妈妈相信你会努力的。"我送母亲到校门口，那时下着雨，母亲想让我早点回去，就说司机已经来了，宿舍关门了就不好了。我想也是，生活老师不太好说话，我就回去了。

而后来的事情是，那个下雨的凄凉夜晚，为母亲开车的司机在市中心吃完饭已经醉得不省人事，睡得连电话响都听不到。母亲瞒着我，自己一人站在学校外面空旷的公路边等着打车回去。可是因为地点过于偏僻，她打不到车。她一个女子在那黑暗的马路边，从10:30一直站到深夜12:00，手机也没了电，无法求助。偶尔飞驰而过的车，像划不燃的火柴一样，擦着她一闪而过，没有一辆停下。她冷得发抖。最终她拦到一辆好心人的私家车，狼狈落魄地赶了回去，因为受寒，病了一个星期。

高三结束了很久后，有次母亲轻描淡写地对我说起这件事情。我们正吃着午饭，我强忍着眼泪，放下碗筷，走进厕所咬着嘴唇，痛彻心扉地哭了，眼泪喷涌，却没有发出一丝声音，然后迅速地洗脸，按下抽水马桶的按钮，佯装才上完厕所，平静地回到饭桌上。

我想，如果那个夜晚母亲发生什么不测，那我余生如何能够原谅自己？幸而她平安无事。因此我不知道除了考上一所体面的名牌大学，还有什么能够报答母亲的一片苦心。这也是我高考失败后，这么久以来无法摆脱内疚感和挫败感的原因，我觉得我对不起她。她寄予我的，不过是这样一个简简单单的期望，期望我考上一所好大学，希望我争气。为着这样一个简单的期望，她18年如一日地付出无微不至的关爱。后来，经历几番追逐恋慕，知晓人与人之间的感情维系何等脆弱，我才惊觉母亲给予我的那种爱意，深挚至不可说，无怨无悔地，默默伴我多年。我不得不承认，唯有出自母爱的天性，才可以解释这样一种无私。

稻城的夜，雨声如泣。在黑灰色的天地间，7月似深秋，因为极度寒冷，我们遍街寻找羽绒大衣。海拔升高，加上寒冷，母亲的身体严重不适。我们只好放弃了翌日骑马去草甸再辗转亚丁的计划，原路返回，旅程在此结束。我带着《游褒禅山记》中记叙的那般遗憾，带着上路时的失魂落魄，离开了寒冷的稻城。

那是18岁时的事情。几年过去，因着对人世的猎奇，探知内心明暗，许诺自己此生要如此如此，将诸多虚幻而痛苦的读本奉作命运的旨意——书里说："生命中许多事情，沉重婉转至不可说。"我曾为这句话彻头彻尾地动容，拍案而起，惊怵至无路可退，相信在以自我凌虐的姿势挣扎的人之中，我并不孤单。我时常面对照片上自己4岁时天真至脆弱不堪的笑容，不肯相信生命这般酷烈的锻造。但事实上，它又的确如此。我从对现实感受的再造与逃避中体验到的，不过是一次又一次对苦痛的幻想。

在我所有的旅行当中，18岁的稻城是最荒凉的一个站点。可悲的是，它最贴近人生。

✿焦时一

高考不会剥夺你的梦想

又是一年毕业季，无论是教室还是图书馆，都不缺乏紧张准备毕业论文的大四学生们的身影。两年后的我，也会成为他们，而两年前的我，是属于埋头奋战准备高考的那一群人。逃离曾经认为逼仄难挨的高中时代后，我反而常常怀念那时候一心一意只有一个目标的自己。

高中三年，我被灌输过太多鸡汤，我很相信"谋事在人，成事在天"这句话，但是我又很不相信"高考改变命运"这句话。我像大多数人一样厌烦过这样填鸭式的应试教育，害怕自己成了只能被灌输知识不能独立思考的僵化的人，也曾埋怨过"我的人生为什么要被一场考试所左右"，但我也还是像大多数普通人一样，别无选择，在高考渐渐来临的时候，抛弃一切杂念，义无反顾地走上了这条独木桥。

好在，我的结果还不算坏。"985""双一流"的标签贴在我的学校上，我也走出去见识到了更广阔的世界。

在看这篇文章的你们呢，和高考的故事是已经结束还是正在开始？

一场考试，一次机会，没有重来，有人正常发挥原有水平，算是幸运；有人因为某些原因失常发挥，算是不幸；也有人超常发挥，去往了他从来没有想过的学校，

算是大幸。这是每一年高考都会发生的事情，只是你不知道你是他们之中的哪一个。

我觉得大多数在认真准备考试的人都会有恐慌害怕的时刻，也许在夜深人静的时候，也许在上学路上的某一刻，也许是课间休息的时候，突然意识到高考就在眼前。不管你们是处于什么层次的学生，即使是被认定清北苗子的人，也会害怕未达预期的结果。

我在高考前看八月长安的文字，我高中时候爱死了她，也爱死了她笔下的洛枳，一度想要成为洛枳一样的人。后来我发现我只能成为我自己，但也慢慢接受了，每个人都会有这样一个过程。她的散文里面也有写到她自己高考前曾经很绝望：对高考成功有99％把握的她，忽然开始担心1％的失利会发生。

那我们大多数成绩不拔尖的普通人，担心会发生的失利何止1％呢？

当然我写这篇文章，不是要你更加焦虑害怕，为卷而卷，反而越卷越焦虑。我高中时，"内卷"这个词才刚刚流行，我还没有特别深刻理解"卷"的含义，我们就是纯粹为了考得更好而去努力学习、去竞争。过度的内卷只会导致更多的内耗，尤其是竞争压力极大的高中时代。我常常对我还在高中的学弟学妹说，珍惜高中时代，要努力学习，

也要尽可能去接触一些不一样的事物。

我记得高中历史老师说过让我印象特别深刻的一个故事，一个学姐高三那年想学吉他，爸妈不想让她分心在别的事情上，但是最终还是依了她，当时高三的时间规划是一周只休息一个上午，她就用这个上午去学吉他，最终她也没有耽误学习，考上了武汉大学，喜欢的乐器也学会了。我并不是想要大家都像这个学姐一样，大学再学喜欢的乐器也是可以的，我只是想说，要尽可能多做尝试，拓展另一种可能，哪怕是很小的事。

高中这段时光是多少人曾经百般努力逃离过的，后来又无比怀念却再也回不去的。

就拿我自己来说吧，我的高中如一潭死水般平静，就是一直在认真读书，不问旁事，学校里面有一两个好朋友一起玩一起学，圈子很小，只认得班里的同学和老师，几乎没怎么出去玩过，最大的休闲就是玩玩手机、看看小说、听听音乐，也没做过什么惊天动地的事情，快高考离校时学弟学妹的喊楼也没感受到。

所以我对青春或者说高中时代结束的定义，不是在亲见学弟学妹冲破枷锁轰轰烈烈的喊楼加油，而是，考完英语走出考场的那一刻，我突然意识到，我的青春结束了。

我的青春主要是由高考来界定，但是我希望你们不只感受高考这一件事情，正值青春的你们，十几岁的你们，要去感受到，你们这个年纪的美好。

也许学习很难，任务很重，压力很大，竞争很激烈。但你们拥有的远比现在的我们更多。人生真是一个慢慢失去慢慢做减法的过程，拥有的大多是侥幸，失去的才是人生。每次下晚自习后和朋友一起去小摊等夜宵的时刻，回家路上和身边朋友吵吵闹闹的时刻，抬头看到浩瀚星空的时刻，其实都是人生的限量版。

这里还是要问一句，正要面对高考的你们，怎么样了？是不是在焦虑中，感觉时间不够用了？是不是在梦想着，高考的无限可能性？是不是也害怕过，害怕自己的高考失利？

我还是要说，不要相信"高考改变命运"这句话，走好你的过程，对于高考来说，结果很重要，对于人生来说，过程更重要。

所有的害怕，都不过来自未知。可是，你应该知道啊，高考会影响你，影响你去哪个城市，去哪个学校，遇到什么样的一群人，但是并不会决定你的人生走向。

举一些我身边朋友的例子。我高中还是老高考，文理分科，我学的文科，文科生大概能理解吧，文科其实成绩不稳定的因素特别大，很容易这次考试考前50，下次考试考砸了就150名靠后了。即使你在学校一直保持稳定，高考也具备许多不确定性。那么我这两个朋友呢，他们也都是学文的，是在校期间我仰慕已久的文科大佬。高考成绩，则比平常低了很多，去了跟以前的目标学校不相符的学校。

但是，你们猜猜他们现在怎样呢？

大佬还是大佬啊，他们没有选择再来，他们在大学依旧努力，他们前行的方向没有变，他们都还是在去往自己很早以前就想要追求的人生道路。何况，你得相信，你用尽了所有力气换来的结果，即使是发挥失常，也一定不会差到哪里去。

所以心里面有坚定信念与追求的人，请一定不要因为高考这样一次考试而过于恐慌焦虑，相信你自己，向前走就行了，不管高考是什么结果，你都能够走上自己想要的那条道路，高考不会剥夺你的梦想。

✳ 牧 牧

不读书的**十五岁**

十五岁，我在我们县寄宿学校读初三。

但其实从初二开始，我就已经不做一个"好孩子"了。我上网听到了一些博主的言论，便不辨是非地认为父母有现在的成就是赶上了时代的风口，他们其实什么也不懂，只会自以为是地用老旧的教条来规训我；在学校我更不把别人放在眼里，上课不听讲看小说，欺软怕硬，遇到严厉的老师就故作嚣张地说要去厕所，然后整节课整节课地在操场游荡，遇到脾气好的老师就耍无赖顶嘴，跟坐在教室最后的几个同样令人头痛的男生女生凑一起说话打闹。

我打心眼里瞧不起那些闷头完成作业的同学，网上说了，他们这样的，在未来走进社会，是最不能适应残酷现实的一群人，真正需要学的东西，聪明人上班几个月就能上手。

我对此深信不疑，觉得自己游走在校内校外，跟四中八中那么多哥们儿交好，日后要做什么也肯定是左右逢源。

刚放寒假回来没几天，李可给我打电话，问我要不要一起拍抖音，说这是齐哥想的主意。

齐哥在隔壁兄弟班，是我们学校的风云人物，在各个年级都有他认识的人，堪称一呼百应。

我看过那些网红的短视频揭秘，有的人一条推广就能赚几万块的广告费，于是赶紧说："行啊，还有谁？"他说了几个人名，都是熟人。

还没开拍，我就已经开始想象我们做火一个号，然后每天光鲜亮丽地开直播连麦、抽奖、跟广告商谈合作了。

齐哥想学一个抖音号拍那种带剧情的，可惜没有现成的剧本，他也不知道拍啥，有一个男生提议可以拍隐藏摄像机那种整蛊人的，肯定有意思。大家一拍即合，都说好，而那时候我还没意识到，这即将酿成一个大错。

我们学校的厕所不在教学楼里，而是在楼侧边的一排小平房里，还是跟农村一样的旱厕，挖一条坑，然后砌墙隔离成一格一格的那种，一到晚上声控灯的光灰蒙蒙的，又黑又臭。

齐哥想拍那种装神弄鬼吓人，然后看人出糗的视频，于是问谁去厕所里躲着，有几个低年级的虽然不情不愿，但为了巴结齐哥还是主动去了，齐哥自己把偷着带到学校来的手机架在厕所门口的路灯底下，用杂草遮掩。

等待的过程是紧张的，下课铃一响我立刻往厕所跑去，然而厕所门口已经里里外外围了好多人，没过一会儿值班校长和几个主任就进男厕所了，其他赶过来的老师把大家都赶回教室。

我问回来的李可怎么了，李可嘘了一声，给我写纸条：他们躲在厕所里，没一会儿进去了两个初一的男的，一个挺高，另一个就挺普通，然后他们也不知道怎么吓人的，突然就吵起来了，骂得很难听，有人没憋住先动了手，跟那个挺高的，就打起来了，完了打得很凶，磕在那个坑的台阶上，流了好多血，另一个原本是拦架，看拦不住，就回班找人，后来越打越乱，才有人去喊老师来处理。

学校的打架事件并不少，我以为这次跟往常一样就是班主任请各自家长来学校彼此检讨后不了了之。但没想到那个被吓的高个子男生的舅舅是附近一个村里有名的混混，据说做的生意还有不好明说的一部分。

第二天刚好是周五放假，他舅舅带了很多面色不善的兄弟同伙开着面包车堵在校门口，门卫的保安大叔给校长打电话，校长前去交涉，但那个舅舅一点儿面子都不给，只要求交出吓他外甥打他外甥的学生。

齐哥的妈妈和几个参与打架的学生家长都来了，他妈妈跪下哭求那个舅舅，我们这才知道齐哥的爸爸去世很久了，他妈妈在农贸市场给别人的服装店看店，生活过得很辛苦，才没什么精力管教他。

那个舅舅不为所动，理都不理，仍然不依不饶。

我心生害怕，又忽然有点劫后余生的侥幸，侥幸那天被物理老师叫去罚写公式没参与打架，侥幸命运在危急关头拉了我一把。

初中毕业后，我没考上高中，爸妈托了小姨的关系，把我送到广州去念职高。

学校在番禺那边，楼蛮新，但树高得意外，站在宿舍的阳台上，需要探出半个身子仰头，才能看到葱茏的树顶。

广州太繁华了，是那种你明知与你无关却仍然被震撼的繁华。我坐着巴士经过新光大桥，看着高楼林立的珠江新城，心快要跳出胸腔；我坐着地铁停靠磨碟沙站，看着华灯初上的琶洲夜景，仰望着一盏盏灯说不出话；我坐着游轮驶过珠江江畔，看着闪烁的霓虹和车水马龙化作水面的粼粼波光，突然有一种缺氧的窒息感直逼泪腺，可连泪水都空荡荡轻飘飘。

我突然觉得之前的自己多么可笑，井底之蛙般在泥坑里翻搅，殊不知外面的风雨竟然这么磅礴。那些衣装革履的大人，谁会狭隘地被困于跟家长作对，同老师较劲，以在一群无所事事的小孩中称王称霸为荣呢？

回到学校，我知道有些改变在悄然发生。我变成了曾经自己"看不惯"的那些人，认真地学习，完成老师交代的任务，换了一种视角后我才发现那些"好学生"根本不会敬佩我们在社交上的"游刃有余"，他们的不关注不是嫉妒，而是不屑，是那种道不同不相为谋的漠不关心。

很长一段时间，我的生活都是孤独的，室友们只爱打篮球玩手机，睡到旷一上午的课，然后熬夜到凌晨。我连个一起去食堂吃饭的人都没有，可我并不孤单，我只是与

我叛逆的青春期可能是在齐哥妈妈下跪的那一刻结束的，可能是在五光十色的广州塔下结束的，可能是在某个备考的深夜合上笔记本时结束的……

他们——这座大城市里千千万万个中学里其中一所的一个班级的学生——不同而已。

转到广州之后，我和曾经的"哥们弟兄"一夜之间就断了联系，仿佛从来没认识过那些人，意识到这一点，还是因为李可重新联系了我，我只跟他一个人说过我来广州念职高。

他说他也要来广州打工了，我知道他妈妈生了三个姐姐才有的他，平常很惯着，就连他被班主任罚站半节课累了坐地上被请家长，他妈都溺爱得让老师别管。

我问他，齐哥那件事是怎么解决的，他说听别人说参与学生的家长们和学校一起赔了很大一笔钱，并且动手的那几个学生都转学了。

"后来呢？"

"齐哥现在在老家那边跑外卖，李子凡在他爸的饭馆里帮忙，王彤彤去学美甲了，还有几个跟你一样也去上学了……"

"你来想干点啥呀？"

"我前段时间在火锅店当服务员，感觉没啥意思，想过来学个厨师，然后回去开个小馆子。"

"也不错。"看来他也改变了，一个连四十五分钟都站不住的人，如今要忍住累站上几个小时。

我们偷偷地开了几瓶啤酒喝，泡沫破灭，青春期里那段不懂事的岁月也随之变得湿润模糊。

后来，我补齐了学习的苦，考上了一所大专，又升本，读研。为了申请留学请假回家拿材料，正逢工作日，鬼使神差地走到学校门口。

时间应该是下午第二节课，有琅琅读书声传来，我看向曾经待过的教室，仿佛看到了一个幼稚的少年，明明不困也装作睡着的样子趴在书桌上浪费时间。

我想，我叛逆的青春期可能是在齐哥妈妈下跪的那一刻结束的，可能是在五光十色的广州塔下结束的，可能是在某个备考的深夜合上笔记本时结束的……

也可能是在现在结束的。

✿ ONE 文艺生活

我们把当年高考脑子里进的水，化作了这**25条良心建议**

高考开始了。我敢说，这两天是我国法定节假日之外，最让人惦记的两天。

心惊胆战的除了考生，还有广大的吃瓜群众。我有个朋友，这几天吃鸡都不敢跳学校了，怕影响孩子们考试。

我们也决定为广大考生做一些微薄的努力。虽然现在回想起高考，题目完全没印象了，甚至连做的哪一套考卷都忘记了，可是当年高考，我们经历过的幺蛾子、脑子里进过的水，却历历在目。

我们昨天下午征集大家的高考幺蛾子，不到一小时就收到了近千条回复。

这些读者中，大概有 154 个高考前失眠的，52 个当天来大姨妈的，还有 107 个吃坏了肚子的，惹祸的食材包括粽子、韭菜和为了提高智力而喝的牛奶。

我们从大家的经历中总结出经验，主要是教训，化作了 25 条良心建议，在此献给各位考生，祝愿大家考出水平，赛出风格。

也献给每一个如今再也不用考试，却依然关心高考的你们。让我们一起在这些幺蛾子中，怀念终将逝去的青春。

1. 努力安眠的人，往往更容易失眠。我前一天晚上跟风喝什么安眠糖浆，结果这辈子第一次失眠，一整晚。考前请务必保证睡眠质量。实在睡眠不足的话，硬撑到你最烂的那一科再打瞌睡。

2. 比起安眠，更重要的是防蚊。我头天睡觉没拉蚊帐，被咬了七个包。考试的时候老想弯腰挠脚，迫使监考老师把我当

后来的我们都发现，高考虽然很重要，但也真的可能是你人生中最轻松的一场考试。而你们厌恶的今天，却是我们回不去的昨天。

不管是在高考的考场，还是人生的考场，你们都会考得很好的。

加油！

作头号监视对象。

3. 珍惜跟父母最后的日子。比如我妈，高考前一天晚上帮我减压，说："放轻松，别给自己太大的压力，考差了又怎么样，不能读好的大学又怎么样呢？大不了当我没你这个儿子。"

4. 一定不要乱吃药。我的朋友A生怕考前一夜睡不着，吃了一片安定，第二天安详地睡过了语文考试。我的朋友B长期便秘，高考前夜吃了一片便秘丸，于是第二天的语文考试只能在厕所度过。据说他的试卷上飘着一股屎味。

5. 高考前一晚千万不要偷看电视。我那一晚看的是《还珠格格》，是挺好看的。但直接导致当晚和第二天精神涣散。前

一天也千万不要去逛公园，像李开春，这直接导致她没有考上清华，而是上了天津大学。

6. 不要在考前的夜晚打游戏，来试图放松神经。你以为线上的成年人都会让着你？但那段时间的服务器里，只有互相厮杀的高考生玩家。你想想有多凶残。

7. 像保护生命一样保护双手。前一晚为了解压，我一直在捏塑料泡沫。导致第二天在考场，指纹一直核对不上。反复试，换手指试，检查的老师一直让我用卫生纸擦完手指再试。

8. 女生千万不要梳太复杂的发型，否则做不出题的时候挠头不方便。

9. 小心你妈塞给你的补品。当年我高

考，父母弄了党参水给我喝，我喝了一直吐。所以，平时没怎么补的同学，高考那几天不要恶补。

10.戴隐形眼镜的，晚上别忘了摘。我就是忘了，第二天考试觉得自己快瞎了。

11.千万不要吃太多！高考第一天中午，我爸给我做了顿十道菜的大餐，太好吃，吃到撑。下午考数学时不得不上厕所。绝对是排名前十的羞耻体验，有老师专门陪你进厕所，还不让你关门。我说："老师你确定要看吗？"她就默默走到了门口。

12.千万不要吃太少！否则你会因为饿疯狂喝水，然后全程尿频。

13.千万不要吃太多豆类，不然考场上，你懂的……

14.考试当天尽量不要睡过头而报警求助，因为那几天警车比网约车还忙。

15.前往考场的路上，千万不要回头！千万不要回头！我高考的时候，一辈子没管过我学习的老妈一定要送我去考场，后来我顶住压力，自己跑去考点。到了考场，回头一看，我妈就在马路对面——她跟了我一路！心理压力太大了。

16.如果你真的不想高考，想故意丢掉准考证，可以。但记住：千万不要丢在出租车上。因为新闻里总说："出租车司机免费送考生回去拿忘记带的准考证。"

17.不会做的选择题不要瞎选C。但做完选择题就不要再回头检查了。不要问我为什么。

18.阅读理解小贴士：在说出"但是"之前，所有的话都不算数。再次记住，这句话在你大学毕业走上社会后，会更加受用。

19.写作文的时候千万不要过High，否则你会发现格子满了，你才刚写了开头。

20.不要在意你旁边的人。但是，保护好你的试卷！我高考当天，隔壁考场有个女生，压力太大直接崩溃了，当场撕了自己的试卷不说，还撕了前座同学的试卷，大喊："都不要考试了，都不要考试了！"

21.千万不要在考卷的空白处写字给自己打气。我们当年有个考生，高考励志书看多了，在语文考卷的空白处写上"加油！你一定能行！"的鸡血废话，结果被当成串通作弊，考卷给了0分。

22.千万不要相信那些"我根本没复习好"的鬼话。更不要傻乎乎跟那些"根本没复习好"的人对答案。

23.其次，考完以后千万不要和任何同学搭讪！否则你将免费得到一次对答案的机会。后悔终生。

24.再次，就算自我感觉答得很好，也不要跟别人对答案。我当年考完英语跟人对答案，发现少做了五道题——有一篇阅读理解独自占了一整页，我把它翻……翻……翻过去了。价值20分。后来我的心态就崩了，幸亏英语是最后一场考试。

25.不要撕书，有可能要复读。也不要急着撕准考证，有些景点凭准考证半价。

最后，参加高考的同学们，希望你们不要害怕也不要逃避。因为后来的我们都发现，高考虽然很重要，但也真的可能是你人生中最轻松的一场考试。而你们厌恶的今天，却是我们回不去的昨天。

不管是在高考的考场，还是人生的考场，你们都会考得很好的。加油！

所有的

黑马逆袭，都不是偶然

我开发了一个名为「学习」的游戏，很快乐

❋ 何——

我始终认为，人的精力是有限的，相比于以量取胜、熬到深夜两三点，我更信奉高效学习。

· · · ·

高考成绩出来之前，我从没想过自己能考上北京的大学。

从幼儿园到小学三年级，我的成绩都在班级中下游水平，哪怕所在学校并不是什么名校，我甚至有几次考了班级倒数。

后来我换了个区生活，转学后，没想到我的成绩居然在班级前列，每年都拿三好学生的奖状，从此我在学习上的自信心爆棚，初中也如愿考上我家附近一个普通初中的超重点班。

在这个全校瞩目的班级，我的成绩又变成了中下游水平，但我当时以为是我们班成绩太好了，我的成绩在年级来看，其实也是佼佼者。我记得中考刚结束，我的生日在出成绩的前两天，我还跟我妈说："你给我过生日，我这次肯定能考上 168（这是我们市最好的三个学校）。"这种自信，直到中考成绩出来，被无情碾压。

我的成绩刚刚达到市级示范高中的分数线，我只能上刚刚升上市级示范的普通高中。

这对我来说是个很大的打击，我爸调侃我："你还上 168，我看你 168 路公交车都挤不上去。"幸运的是，我的父母对我期望不大，他们觉得能上高中就不错了，至于能不能上大学，以我要上学校的历年成绩来看，不太可能。

后来，我收拾好心情，快快乐乐开启了我的高中生活。高一我过得很开心，遇到了玩得很好的朋友，老师也没有初中那么凶，考试能考到年级前五十，我也遇到了我的"初恋"。

其实这是场暗恋，他当时成绩比我好很多，尤其是理科的成绩，我记得有场物理考试，我拿到我考了 49 分的试卷，他告诉我他考了 94 分。我就这样暗恋了他一整个高一，直到高二要分科了。

其实我有纠结过要不要跟他一起学理科，但我这人可能天生比较自私，我觉得自己选理科肯定考不上大学，而且我也不喜欢理科，我没有为了所谓的"爱情"选择理科。

后来我被分到的文科班，离他的理科班很远，甚至都不在一层楼，我是个巨蟹，是绝对不可能主动的，但是现在离得这么远，万一他忘了我怎么办？

我想了个办法，没办法天天出现在他面前，那就让我的名字天天出现在他面前。

只要我每次考年级第一。

现在想想，我其实也是在逃避。分过班的人应该都了解，高一大家都有了自己的小团体，我去到一个新的班级，其实很难融进去，我当时特别社恐，很难交到能一起玩的朋友，为了不显得自己很另类，爱学习是出路。

总而言之，想通了这点，我开始努力学习，每天强迫自己认真听讲（高一的时候我只能听上半节课），下课就开始做题、背书。

分班后的第一次期中考试，我考了年级前十，班级第二。

这远远不够瞩目，我更努力学，每天让自己的大脑跟上老师的思路，甚至会超前想，老师讲课的内容就成为验证我思路是否正确的方法。我克服自己脸皮薄的缺点，一下课就拿着不会的题问老师，一遍没听懂，就让老师再讲一遍。

文科有很多需要背诵的内容，经过自己长时间的摸索，我发现一个非常高效的背书方法——限定时间。下课10分钟，我会提前给自己设定好这10分钟要背的内容，强迫自己注意力高度集中，一定要把这些知识在10分钟内背完。包括后面高考冲刺刷题时，我也要求自己在10分钟内做完25道选择题。

当时很多人对我的评价是：你学疯了。甚至老师都觉得我把自己逼得太紧，怕我心理状态出现问题。但只有我自己知道，我很快乐。

当你成绩好了，你会发现在这个世界上生活太容易了。

曾经听不懂的内容，现在甚至能举一反三，这太有成就感了。曾经天天说你的老师，现在你犯了错，有正当理由，他会很轻易地理解你，还会温柔劝诫你不要这么做了。曾经你拼命想融进去的交友圈，现在只要你坐在座位上，就会有人主动来找你说话……

这些好处足以让我觉得学习很快乐。

很多人会问我，我就是坚持不下来怎么办？我的惰性太强了怎么办？

这个问题我当年百思不得其解，为什么会这样？后来成功考上重点本科后，我找到了原因——本来信念就不坚定的你，身边的诱惑又太多了。

高中正是爱看言情小说、偶像剧的时候，那会我看了很多校园女主故事，她们会拖着行李箱在路上走，我觉得这太酷了。再加上我上的这个高中口碑很差，家里亲戚朋友都觉得我肯定考不上大学，人有时候就争这口气，这足以让我克服所有诱惑。

其实我也没有完全抛弃诱惑，毕竟都是人，但我会把这些诱惑我的事，当成我认真学习的奖励。我从早上走进教室门开始，就会告诉自己，抓住在学校的每分每秒努力学习，把自己定的学习任务完成，晚上回家就可以看韩剧了。所以我在学校只学习，一回到家，如果作业没写完，会先写完作业，但其他是一点不学了。

我基本9点不到就睡觉了，我妈经常说我，她八九点准备睡觉前，都会过来看看我和我姐姐，固定的画面就是我姐在书桌前奋笔疾书，我躺在床上把书盖在脸上睡觉。

我始终认为，人的精力是有限的，相比于以量取胜、熬到深夜两三点，我更信奉高效学习。只要我抓住我最清醒的10个小时，那我比不清醒学了15小时的人，效果更好。所以，在学习这件事上，不要背负负罪感。很多同学告诉我，他们晚上不学到一两点，就感觉自己不努力学习，但这样只会让学习成为一件特别痛苦的事情。

我开发了一个名为"学习"的游戏，高考是通关，中间的学习是打怪升级的过程，有目标感的游戏，总是要好玩一些、有动力一些。

从高二到高三，我几乎次次年级前三，甚至我偶尔在楼道碰到我的"初恋"，他会主动跟我说："你现在学习好厉害。"你看，我的目标达到了。

到了高三后期，其实拼的就是心态。说到这里，我个人认为多去听听学霸前辈们的经验方法是非常有效果的。在我高二升高三的那个暑假，我去听了一个全省状元分享会，当时有个观众问台上的状元："高三考试很多，应该怎么去平衡自己的复习节奏？"

我印象很深刻，状元回答他："我从来不会因为哪一次模考而打乱我的复习计划，因为我知道我最应该重视的是高考。"

这个回答对我影响很大。上了高三，经常一周一小考，一月一大考，还有高三后期的全市三次模考，但是我会按照自己的节奏去复习，而不是明天就要月考了，赶紧把老师没带我们复习的知识点看一下。我把平时的每次考试都当作检验我还有哪些薄弱知识点的测试，用这种心态去面对高三的考试，心态就会很平稳。

其实，我的成绩并不拔尖。我很少会拿到单科第一，基本每一门功课都是在中等偏上水平，但是总分加起来，就会比别人多很多，因为我不偏科。

但是人无完人，很少有人可以每门课都很好，就像我，哪怕我不偏科，我的数学和地理依旧是所有科目里偏弱的。在我多次考试后，我总结出了自己的一套做题技巧。

以数学为例，数学题目的难度是有规律的，一般选择题10道，前8道都是基础题。填空题，最后一个空一定很难。解答题前面几个大部分人都能做出来，后面两大道题只要水平不太差，一般第一小问都能做出来。

所以之后的每次考试，我会算分，选择题重点做前8道，解答题最后两道大题只做第一小问，这样数学考试的时间对我来说就是非常充裕的。当我把所有题目都检查过了，就会尝试攻克那些难题，就这样，我的分数会稳定在110—120分。

高考那天真的到来，说不紧张是不可能的。我只能反复告诉自己，这只是个比平时更大、更重要一些的考试，不需要太紧张。当然，这没什么大用。但当我开始第一场考试，做着和平时差不多难度的语文题时，我自然就不紧张了。当时我就在想，原来真的跟我平时考试差不多。

我坚持考完一门忘记一门，不会跟别人对答案，影响心态。也不估分，反正估不准。最后，我考得比我平时在学校的成绩还好，成了最终的年级第一，全市排名在很多168学生的前面。

我的家人和朋友都觉得不可思议，毕竟他们一直认为，我考不上大学。

最后我想说，无论是高考还是中考，都不是你人生的终点。但如果你抓住了，你的起点会比同龄人高一些。

我是一个来自五线小城市的女孩，2020年全国一卷广东考生，目前 985 在读。

也许每个人对于"拼命"的界定都不一样，但我觉得当初的状态就是人生中前所未有过的拼命：那种从来不相信自己比别人笨的自信；那种有一百分气力也非要拿出一百零一分努力来的毅力；那种哭着也要把题目写出来的无畏。

我就读的是市里唯一——所重点高中（因为是在五线小城市），学校制定的时间表和别的高中大同小异，早上六点起，跑操读书、一天八节课和超长待机的晚修。

我不是那种脑子很灵光的学生，我能做的只有比别人多一点点，再多一点点的努力。

短板

我的数学成绩很差，高考导数和圆锥曲线之类难一点的都是直接主动放弃，考试连看都不看。

也许很多人都已经被六点的起床歌折磨到窒息，但是我却能在五点二十睡到自然醒。悄悄地躲进卫生间洗漱完，背上前一天晚上收拾好的书包带上门离开。急匆匆地小跑去小卖店买个早餐，到教室翻开练习题，逼着自己在一天最开始也是最清醒的时候重写两道数学错题。

毕业晚会的时候，我的舍友戏称一个学期以来，没见过我早上刷牙的样子。

我曾经也是个作文渣，还拿过不及格，高三才开始捡起作文，但那时候大家的时间都很有限，我尝试过去找老师，但是老师的耐心经常都被我磨没了，我就逮住同寝室的语文大佬，每天跟她在宿舍里面边洗衣服边探讨作文怎么写，有什么遇到的好句子、好素材。

✱ 比卡秋

所有的事 最后都会是好事

从 550 分到 658 分，我见过凌晨三点冰冷的月光，见过五点半空无一人的教室，当年的老师们谁也没有押中过我这匹黑马，也从来没有人想过，最后的班级第一竟会是我。

● ● ● ●

高三那会儿的模拟考试特别多，每周一次，学校还美其名曰"第×次小高考"。每次考试的作文我都会一遍又一遍去修改，一改完就去找大佬求教，改到原来的那张答题卡"血肉模糊"再重新誊写，继续改。一篇作文我甚至改过五六遍。最终高考时我语文高考错了3个选择题却还有126分，作文的分数想必不会太低。

日常

我是那种早上一吃饱就特别容易犯困的人，每次早餐都不敢在早读前吃，不然我上一秒"琵琶声停欲语迟"，下一秒"千呼万唤起不来"了。其实，经常我的早餐买来都只是作个欺骗自己吃了早餐的幌子，一般都是学得忘记吃，或者在某个课间想起来了才吃的。

我会刻意把用在吃喝、打扮、排队上面的时间压缩到极致。为了避免吃饭高峰的排队，每当同学们中午放学涌向饭堂的时候，我都会在教室多看一会儿作文或者多整理一会儿错题，等到大家都吃得差不多了才小跑出教室，吃完再回教室踩点午学。

寄宿学校往往会有很多家长给高三的孩子送饭，而我坚持拒绝母亲送饭，虽然饭堂的饭菜并不好吃，但是可以省去很多时间，而且不好吃的好处就在只能吃到七八成饱，写题不容易犯困。周末我很少回家，有时候真就跟蹲监狱一样，在学校一过就是一个多月，连校门都懒得出。

厚积

当一个人真的十分专注于一件事情的时候，只要有半丝的怠慢，思绪有半点不在学习上，心中都会有万分罪恶感。

当时有多专注呢？

从高三教学楼到宿舍有大约1000步的路程，我用来在脑子里面过一遍光合作用和呼吸作用刚刚够时间；体育课我会边打篮球边想那道做错的碰撞问题；坐车回家脑子里是牛顿定律板块问题；吃饭时看着各种蔬菜和肉类心里面在想生态系统和能量流动。

可就算这样我也没有在成绩上面有什么突飞猛进的势头，每次模拟考试的成绩都很烂，依旧徘徊在年级100—200名的区间里，其实也许在很多人看来也还算可以，但我知道我不甘心。

梦魇

突如其来的新冠肺炎疫情打乱了很多人的复习脚步，那是我人生中第一次如此崩溃的一段时光，最怕的还是线上考试，我甚至考过四百多分。

我知道很多人会说这是线上考试，没有很大的参考价值，但是一套卷子自己认认真真地去做，却只有400多分，就感觉脑子像浆糊堵住了一样，感觉每一科的题目都是如此蛮不讲理，但别人能考600多分，那种感觉真的很绝望。

当时老师们也挺担心的，认为我在家里没有好好学习，我当时真的特别委屈，我明明已经不分昼夜地在台灯下写题，在家的日子经常写到凌晨三点，茶叶被我喝完了两大罐子，有时候爸妈做的晚饭也忘记吃。

我总梦见自己没有和喜欢的男孩考到同一所大学，梦见自己以后只能勉强考上一个普普通通的大学灰溜溜地离开这所高中，梦见自己在数学考试时又写错了正负号……

绝望，愤恨，痛苦，迷茫，焦虑。你们有过边哭边写题的经历吗？那种自己努力了都看不见希望的失落。为什么我还是会犯下自己本就不应该犯的错误？

每次模拟考完我都特别讨厌模拟考试的卷子，因为考得不好，我就一直安慰自己高考不是这个样子的，然后默默地订正完，再去把近十年的高考题刷了又刷。

我知道努力不是一种错，但是心底里还是会对这无法匹配我努力的结果感到难受，我真的不相信自己就只能考这么一点分，只能停留在这个排名。

我不知道你们有没有过那种经历，就是在每次考试成绩单贴出来的时候，同学们在边上围成一团，谈论着这一次又是谁考了第一，每当这个时候我都不敢去看那张黑压压的成绩单，害怕他们看见我说"都这么努力了还不就是这个排名"。我总是等到人群散尽，教室空无一人的时候才敢站在那张成绩单前，慢慢地找到自己的名字。

重生

听说跌入谷底，才会涅槃重生。人就是在一次次崩溃的边缘慢慢变强大的。

后来，我发现自己在复习阶段中花了太多心思在"别人怎么看我""如果失败了会怎样"这些想法上，而并没有把自己完完全全投入在复习本身上面，其实模拟考试考得再差都是应该值得庆幸的事情，因为模拟考的作用本身就是查漏补缺、适应高考。考得差只能说明，高考一定不会再犯这种低级错误。

返校后的一次考试中，我终于突破了年级的前一百名，竟然一跃到前五十的边缘。

可人生就是起起落落，最后一次模拟考试，语文出的作文是一道读诗歌写感想的题目，我写离题了，总分86分。那又如何呢，语文老师生气地看着我，我却轻松

地对他说出"船到桥头自然直"。

桥头

七月的蝉鸣声陪着我度过了最后一个留在学校自习的周末，最后的结果也印证了那句"船到桥头自然直"。一切努力和付出可能此时无法看见回报，但也许就在明天，也许就在下一秒，奇迹就会出现。

直到高考完，我都没有想过自己能考这么高的分，足足高出了一本线134分，我意外地成为全班的第一名，市里第十九名。

高考放榜的那一天，我坐在旅行的返程车上，当时那片粉色的天空，真的很美。

我不像很多高考逆袭的故事里面说的那样，用一年的时间疯狂弥补曾经玩乐荒废的时光；我更多的高中时光都是在认真地做功课、听讲。现在回头看看那些经历说"拼命"好像确实有些过分，毕竟真的不是什么要命的事情。我不过是在高中的生涯中，尽自己最大的努力，和众多高中生一样摸爬滚打，偶尔失落后抹去眼泪再次上路，偶尔得意时咧嘴一笑。

我知道我远不如很多人努力，也远不如很多人优秀，现在985大学里，身边更是高手云集。高考不能决定我的人生，它像是一段生活的结束，另一段生活的开始。还是很感谢当初那个"拼命"的自己，能给自己一个更优秀的平台，放眼看远方。

高三时读过简嫃的《荒野之鹰》，里面有段话我至今印象深刻：

如今回想高中生涯，短短三年，却把我一生的重要走向都起头了；我如愿转入中文系，如愿成为作家。少年时，怨怼老天，现在懂得感谢。

因为，当他赐给你荒野时，意味着，他要你成为高飞的鹰。

从300分到641分，学渣逆转成学霸！

❋佚名

> 差班学生一样可以出好成绩，不是有人60天进步了400分吗？我200天为什么不能？

我高中是在市重点中学，当时认为进了重点中学就有了保障，于是我开始上网，看小说，放学了，先去网吧玩一个小时再回家。高二分班，我被分进了全年级排名最差的班级，我那时的成绩是200多分，从来没超过300分。

离高考还有260多天时，老师也不对我们抱任何希望，只是天天跟我们说，你们加油吧，不要把目标定得太高，要实事求是。那时也不知道为什么，我特别喜欢香港，于是我就跟同学说我想去香港上大学，当时什么情形你们应当想得到，一个考200多分的人想去香港。

所有人都笑我，说我这个样子，能进大学就不错了，还香港。我也在网上查了一下香港的学校，的确很难，而且学费要40万左右。我跟父母说了想去香港，我家不是很有钱，但是我妈妈听了之后非常开心，她以为我终于想学习了："只要你能考上香港的学校，我就算把屋子卖了也要让你去读。"我十分激动，想起以前那么不爱学习，实在太对不起父母了，下定决心要好好学习，要创造一个奇迹。

我找了一个星期天，去书店买了大批的材料，开始认真学习了。那时离高考还有230天，我开始每天只睡7个小时，晚上12点到第二天6点，中午再睡一小时。我在闹钟上贴了条，不停地提醒自己要考香港，我把爸妈手机的屏保也换成了香港，我就这样努力学习，同时也忍耐同学们的讥笑，他们笑我装正经，天天拿本书不知在看什么，他们的话我选择一概不理。一个月后月考，我依然是200多分，没有任何起色。同学们更加嘲笑我了，我依然不理，两个月后，又一次月考，我考了280分，同学们继续嘲笑我，但我知道我已经有了提高，因为我以前一直是 240 分左右。直到第三个月，我终于突破了 300 分，同学们还是讥笑我，说不错啊，从哪抄的，考了 300 分啊！我继续不理，那时真的非常苦，除了吃饭睡觉，我几乎都待在教室里。

第四个月，离高考还有 100 天左右，这次月考我考了 400 多分，由于我这个班是最差的，所以我排到了前 5 名，这时，同学们不再讥笑我了，都惊奇我的进步。老师找到我说："你进步很快，加点油，争取考个本科。"但我知道我不能自豪，这是差班，在这个班上即使第一也绝不能证明什么。

我开始减少自己的睡眠时间，由以前的 7 小时变成 6 小时，我是十分不赞成熬夜的，每天必须保证最少 6 小时的睡眠时间。最后 30 天，学校组织了一次模拟测验，我考了 590 分，全班都惊呆了，老师也大为吃惊，也许她从没见过差班的学生能上 500 分吧，但我知道我不能放松，我的目标是香港。

我更加努力，甚至可以再节省去食堂走路的时间、洗衣服的时间……直到高考结束，我最后的成绩是 641 分，当我知道成绩时，我在笑，我在狂笑，我就这么躺在地上笑了一整天……我证明了我自己，我让所有人都看到了，差班学生一样可以出好成绩，不是有人 60 天进步了 400 分吗？我 200 天为什么不能？正由于你不相信能，所以你永远都不可能胜利，一个胜利者是不会相信有不可能的，认为世界上有不可能的永远都是失败者。

你们问学习方式，我说了你们别不信，最重要的就是课本，做基础题，我的数学老师就对我们说过，高考就是考基本，真正难的题就那么一两道，这些题又耗时分又少，假如想不出最好就放弃，真正能写出来的人并没几个，我数学得了 125 分，最后一题我只写了一问，后面两问扫了一眼就直接

放弃了，填空也有 2 个空没写，但其他的题，我只能说只要你弄懂了课本，绝对没问题。

我说了，你想胜利首先就要相信自己能，然后给自己定个高目标，我相信也有人对你们说过，要实际一点，目标不要太高，期望越大失望就越大。让他见鬼去吧，没有高目标哪来的动力，这也可能就是我那个班的人总分提不高的原因，他们把自己的目标只定在专科，所以他们经过 200 天的努力依然还是 400 多分。

再说一点，学问是无止境的，但高考是有一个度的，你们可以看看你们学校的一些尖子生的成绩，特别是那些 650 分以上的，你会发现他们很早以前就已经是这个分数了，他们依然天天认真地学习，他们的高考成绩还在这个分数段。为什么呢？因为他们已经站在了一个非常高的高度了，高考是考基本的，他们都会了，他们只是在攻困难的部分。当然高考的困难不是随意就能克服的，所以他们仍然只是原地踏步。

成绩比较差的同学不要被吓到了，不要看见他们成绩已经那么好了还在认真读书，就觉得自己努力也没用。他们的成绩已经很难进步了，而你，只要把基本的弄懂，很轻易就能追上他们，即使不能超过也没关系，比他们低几十分有关系吗？没关系的，对你没任何影响。

我现在在复旦，我没有去香港，我不可能真的让父母卖掉屋子，而且上海也是我憧憬的城市。我说这些是让大家知道，这世上没有不可能，只要你肯去做，成功者与失败者的差别在于一个提前就放弃了自己，另一个则为了那所谓的不可能而斗争，放弃的人永远不会成功，而斗争的人将完成在别人看来不可能的任务，成为别人眼里的天才！最后一句话请牢记！！

> 努力是奇迹的另一个名字，而努力的意思就是，拼尽全力再来一次。

努力的意思就是，拼尽全力再来一次

王宇昆

1

有一次坐公交，正好赶上学校附近的一所高中放学，到达那个站点的时候，一下子涌上来一群高中生，他们一上来，车厢顿时一片欢声笑语，我看着这些陌生的脸庞，开始猜测他们的年龄。

一群人中有一个非常安静的存在吸引了我的注意，是一个男生。那个小男生戴着厚厚的眼镜片，一只手拎着书包，一只手拿着英语单词小册子旁若无人地背着，身体随着公交车摇晃，一群人当中，只有他始终低着头，与周遭打闹欢笑的同学形成鲜明的对比。我心里对他投入的程度无比钦佩，在如此嘈杂的环境中还能保持着如此心无旁骛的状态，甚至公交车过了他要下的那一站，他都没有意识到。如果不是他掏出水瓶喝水的工夫看了一下，我想他真的有可能就这么一路坐到终点站了。

下一站，看着他收起英语单词小册子，飞快地下车，他手抓住扶手的那一瞬间，我瞥见他的手背上有几个特别醒目的字："离高考还有 41 天。"

果然是一个高三党，我一直看着，他下车，然后背好书包，继续一边走一边低头背着英语单词。

于我而言，此刻是可以随意浪费的时间，而对于他来说，则是分分秒秒都要珍惜的。不用想，也能知道他一定是一个非常刻苦的人，看到他，看到他手背上的那几个字的时候，我浑身仿佛被一种炙热的力量给包围了。

自然而然就回忆起了我的高三。

2

和所有普通的父母一样，我的父母对于我的未来寄予了非常高的期望，虽然表面上他们总是一副云淡风轻的样子，总说着不给我多少压力，但父母怎么想的我还是能从他们的眼睛中读出来的。

我跳了一级提前上初一，初中三年一直是班级里的尖子生，没有一次考试排名

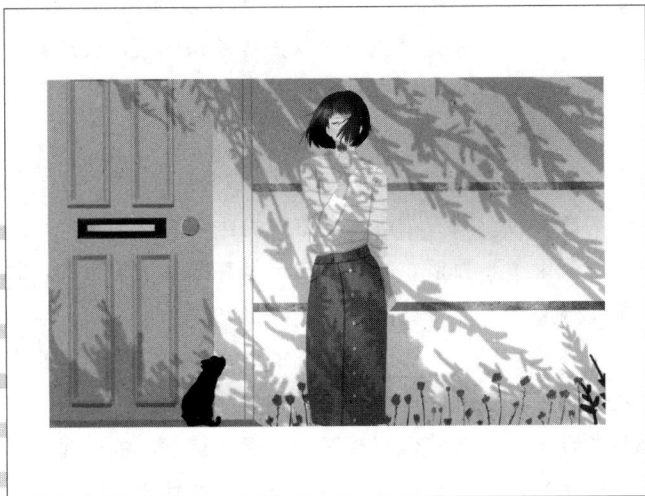

掉过年级前三。那时父母对我的成绩非常满意,因为我,他们常常成为同事和朋友羡慕的对象。初中毕业,我进入了全市的重点高中,开始更加忙碌的高中生活,但事情的发展并不如人意,文理所有科目一起学习,加之学科梯度的上升,我的成绩不再优秀,一下子成为全年级的中下游。

不管怎么努力,理科始终成为拉后腿的部分,父亲为了提高我的成绩,让我去上动辄每小时上千元的一对一辅导班,但却并没有多少显著的成效。我和父母经常会发生争执,每次吵架我都能看到他们眼睛中那暴露无遗的失望,我知道父母很难接受他们的孩子从尖子生一下子降为年级后进生的这种落差,就连我自己也接受不了。

原来一直是老师口中称赞的得意弟子,现在却变成到老师办公室"喝茶"的常客,班主任跟我说这次考试我又退步了,我就开始在心底里盘算着这次要怎么跟父母解释。像打游击战似的,这样循环往复的过程让我的生活陷入倦怠。

父母开始帮我从其他方面找原因,最先受到讨伐的就是写作。我一度被要求禁止再写东西,那段时间发表出来的东西,都是自己偷偷摸摸打开电脑敲出来的。有的时候他们的三令五申我始终不听,我爸甚至会直接上来关掉我的电脑。看着辛辛苦苦写出来的那些东西一瞬间化为虚无,与父亲的争吵又会卷土重来。那段时间,成为我上学生涯中痛苦的岁月。

终于在高二下学期文理分科的时候,我没有顺从父母的建议,选择了文科。父母也是不快的,但我爸妈开明的地方,就在于当我面对人生的诸多选择时,他们大多都愿意理解我的选择,去尊重。为了让父母放心,我向父母保证,选择了文科一定会努力把成绩提上来。

但很多事情,不是你下了保证书,就能按照你所想的方向去发展的。我依旧保持努力的学习状态,但考试成绩仍没有多少进步,一直到了高三上学期,所有科目的授新课基本结束,开始整体复习时,我平凡的成绩还是没有多少起色。

3

高三，一个听起来就让人呼吸凝重的词语。但该来的终究还是来了，我明显感觉到身上的压力开始急剧增长。有一次放假回家，睡觉的时候不小心听见了父母谈论我学习时的叹息声，我躲在被窝里，眼泪都快要流出来。

我想着人生为什么就不能给我一些希望，我也努力了，我也坚持了，该做的我都去做了，为什么就不能让我看到一些光亮？哪怕是在远处，哪怕只有零星的火光也好。

父母开始偷偷地替我思考未来的模样，因为照我那时的成绩很难考上一个不错的一本院校，他们想过替我迁移户口，想过让我当兵，想过无数听起来满含无奈的方式。

高三的人都很敏感，你开始为自己的未来而感到迷茫，你看着身旁的人都在每次考试后因为喜人的成绩而充满动力，而自己却是满身落寞。你每晚睡下的时候都会想在不久即将到来的那三天过后，自己将面临什么样的人生宣判。

但彻彻底底改变我的，并非这些无形的压力，而是高三上学期期中考试结束后的家长会。班主任给我爸讲了我最近的学习情况，然后拿出了一本杂志，那本杂志是自习课上他从我手上没收的。

那天家长会结束后，我下晚自习回来，我爸妈像两座门神一样静坐在我奶奶家的客厅里。当我看到我爸手里一直攥着的那本被没收的杂志时，我才意识到今晚可能没那么好过了。

正如我所预料的，那晚我爸狠狠训斥了我，从晚自习放学回到家十点半一直训斥到凌晨两点。到最后，我妈心疼得过来抱

着我哭，我也不知道怎么办，跟着她一起哭。那是我高三一次痛痛快快的哭，虽然父亲板着脸在训斥，泪水却似乎帮我倾泻了身体里所有的压抑。

那本杂志不断地被父亲砸在桌面上，仿佛一根鞭子，抽在我亟待膨胀的自尊心上。那晚，我记得自己是在眼泪里睡着的，时至今日，那晚自己抽噎的样子还记在心里。

每个人成长的过程中，总需要不断去面对压力、迷茫和失败。那个惊天动地的夜晚似乎成了一条爆竹点燃前的火线，冥冥之中催促着我需要尽快摆脱悲伤，重新投入到高三这段不允许任何人沉溺于难过与消极而不能自拔的征途中去。

之所以会有失败，之所以还迟迟没有看到希望，是因为你所以为的努力还不够努力，你永远无法想象，在这一次努力之后的你还会爆发出怎么样的能量。再努力一次吧，在你没有到达彼岸之时，离成功距离最近的永远是再一次，会产生奇迹的也永远属于再一次。

我开始反思之前的一切，原本我以为自己做得足够卖力的事情现在看来其实不过只是骗得自己的安慰感罢了。在某次习作课上，我读到了一篇关于高三的文章，我把那篇文章完完整整地抄了一遍，夹在我的本子里，时不时就拿出来看一看。

不得不说这篇文章给了我莫大的启发，我开始逼迫自己，像个疯子一样去好好度过这距离高考最后的时间。当人真的被逼到了某种程度上，你真的会发现一切阻挡你的都不会真正打倒你，而是让你更加坚强，更加强大。

圆锥曲线不行，我就让我爸帮我打印了几百套高考真题、模拟题当中的圆锥曲线题，十几厘米厚的习题摞在桌子上，一

到晚自习就头也不抬地专心做题，只有课间允许自己抽出几分钟去上个洗手间，剩下的时间就逼迫自己一直埋头啃题。就这样每个晚自习结束的时候，我的脖子都僵硬得一扭就痛，但心里却没有一丝一毫喊苦的冲动。

因为对于强者来说，苦和痛从来不是拿来哭喊的，而是拿来咽的。时间不够，题做不完，我也不再顾忌那些说熬夜对身体不好的言论，晚自习结束十点半回家，洗漱完继续坐在桌子前学习，困了就在太阳穴上涂点风油精，拿凉水洗洗脸。每个晚上，温书完毕准备睡觉的时候，会发现窗外已经没有一家一户还亮着灯了。听着窗外的虫鸣，把没弄懂的题标上记号，匆匆收拾好书包，赶快在仅剩的那几个小时中睡去，成了我每天必走的程序。

时间面前，人人平等，可以让自己多一分胜算的方式，就是把握住容易被大多数人轻视而流失的时间，所以我紧紧抓住时间。上天不会辜负每一颗赤子之心，时间不会亏待每一分坚持和努力。

当父母都有点惊讶于我的改变时，我终于看到了前所未有的希望。一模考试，我从班级的第三十名考到了第十二名，成绩提高了一百多分。二模考试，我考到班级的第九名。三模考试，我考到了班级的第五名。进步的幅度成了班级里的榜首，就连班主任也对于这种飞跃式的改变十分惊讶。

每当看着成绩排名上那支向上的箭头，我总会觉得人生好像没有哪一刻比此刻更有动力，更值得记忆。我没有半途停息，仍旧像个疯子一样，头也不抬地在后一个月啃完摞成山的习题，每晚伴着星星进入梦乡，课间、放学、上厕所、挤公交的每分每秒都喃喃自语地背着英语单词和古诗文。

在那炼狱三天还未真正到来之前，我始终相信在你以为自己拼尽全力，觉得已经再拿不出一分一毫力气的时候，都并不是真正竭尽全力。在成功之前，所有的努力只是在告诉你，你需要更加努力。

就这样，那炼狱三天还是来了又走了。最后我顺利地考进了心之所属——厦门大学，当我查到录取信息的那一刻，脑海里开始回放那一个个念念不忘的画面。

是高考结束那天，我们在教室撒着成摞的试卷。

是每个孤单的夜晚，我忍着困倦练习完最后一套听力。

是每个只能听见笔尖划过纸面声音的晚自习，我为了某道题绞尽脑汁。

是父亲背着我兀自叹息，是母亲看着我流泪的眼睛。

……

所有人都觉得我在这么短暂的时间里创造了奇迹，但我觉得，在"奇迹"这个有些华丽的词背后，镌刻的是那段永不停息的征程。或许在我的一生中，真的很难再有一段岁月能够像高三时那样不管不顾地"疯狂"，但我却始终记得，支撑我度过那段岁月的是一种没有停下来的信念。

今后的时日，有太多的彼岸，也有太多希望若隐若现的时刻，只想，当自己再度踏上征途的时候，依旧可以像从前那样，一而再再而三地努力。

我们永远无法提前判定究竟哪一次努力可以恰好抵达彼岸，但只要没有放弃，我们就可以继续选择再一次逆流强游。

说不定，就是再来的那一次。

努力是奇迹的另一个名字，而努力的意思就是，拼尽全力再来一次。

> 我会忘记题目，忘记自卑，忘记痛苦。可我不会忘记那些日日夜夜的拼搏，那种孤注一掷的坚定。

从全市 6000 名到全省 600 名，我做了什么？

小雪

中考的时候，我考了 600 多的分数，却只能到第二档高中的边，在父母失望的叹息中，我进入了高中。

父母都是打工人，只是带我按部就班地上学。可是我渐渐发现好像一切并不是如此。第一次的摸底考试，我数学只考了 60 多分。是的，数学一直以来就是我最薄弱的学科，可是尽管这样，初中也一直稳定在 90—100 的分数，我傻了眼。

我被数学老师叫到外面，坦白了数学基础并不好的事实。我的内心是迷茫的，我不知道初中成绩叫得上名号的我，怎么还未曾正式开学就已经一落千丈。然而随后而来的军训让我很快忘记了这一切，我又投入忙碌的训练之中。

我不是一个严格意义上的乖孩子，甚至是很叛逆的。但我并没有让父母知道这一切。军训的宿舍里，我们谈论着初中懵懂的恋爱，令人上瘾的游戏，明星的八卦……在那几个静谧的夜晚，不知怎的，我自以为扫除了我与他们之间的差距——大家都是玩这些嘛！有什么不一样？可是，我忘记了这并不是他们的"主业"，我不知道他们已经把高一的课程内容学得七七八八，我不知道我竟然会在物理成绩上如此丢脸。在那一次物理月考的倒数第一名之后，我被年级主任谈话了。

我并不惧怕老师，可是面对着年级主任，我还是不争气地流泪了。我一向要强、虚荣，无论什么事情，都争取做到最好，做到前列，哪怕付出那并不值得的成本，还要装作轻轻松松。可是在这些考试面前，我的努力反而更像一场笑话。

我曾看过知乎上的提问："你的身边有那种非常努力也学不好的同学吗？"回答自然是有，可是回答说他们假努力，不自律……

每每看到这些回答，我心酸却又无奈，是啊，没有好的成绩，又如何替自己辩解？我主动把座位换到班级的角落，买上降噪耳塞，含着泪水打开了数学练习册。

幸好，我渐渐发现了我的其他科目的天赋。在一个理科主导的教学体系里，我被迫放弃一些语文作业，但是却可以在语文课堂上对答如流。未曾深入了解过的历史，我却在拿到书的那一刻像故事一样津津有味地读了起来。一向较为拿手的政治，更是在班里名列前茅。我似乎飘了，我想，我以后选文科就好了，理科的落后有什么要紧？或许是心态放松的原因，高一下学期，我的理科成绩也有了提升，总分数也能排到全校前十。

然而我没有如各位所期望的那样一路高歌。分入文科班后，可能是自己的竞争心理太强，把身边人都当成竞争对手，时

不时地想去看别人在做什么，别人又买了什么教辅资料，别人又报了什么辅导班，我不能再像原来一样自如地学习了。

我总是在焦虑，我的历史选择题错误率飙升，可是看了答案又马上理解。在前几次月考考出成绩后，我彻底湮没了文科大潮之中。我开始变得沉默，同学们也渐渐疏远了我。复杂扭曲的心理支配着我，我开始不去吃饭，假装自己去洗手间，在厕所里发呆。

我好像又陷入了一个怪圈，每次成绩的大榜放出来，我下意识地往前面扫去，心却随着视线一点一点下沉，我永远地定格在了斜四十五度角，那一页的接近末尾的位置。我不解，也不甘。我看着进班之前并不出色的同学，越来越频繁地站上年级大会的领奖台上。我看着之前数学成绩并不拔尖的同桌，越来越骄傲地在课上回答古怪的

问题。而我，作为数学课代表的我，拿着最烂的数学成绩，还要每次在和老师单独分析时找一堆借口来掩盖自己不会的事实。我好像就是不能承认我自己不会，我不愿意问别人，我不愿意报补习班，我还想营造出毫不费力的学霸人设，可我输得一无所有。到最后年级优秀的榜单上已经找不到我的名字。我看着红彤彤的榜单，眼里溢出泪水。

就是这样，我的高二是如此黑暗。我们没有假期，在匆忙之中我来到高三，心里却只有害怕。我害怕自己辜负所有人的期待，我害怕自己在大考时永远掉链子。而事实也是这样，高三从零模到一模，除了偶尔小科可以排得上榜，其余一律烂到谷底。

我累了，我在知乎搜，在小红书搜，在B站搜，我买了无数的《教材帮》，全期的《试题调研》，很多本《必刷题》，每次换座位时我的桌子都重得搬不动，我的宿舍书架上永远摆得满满当当。老师越来越频繁地找我谈话，我总是敷衍他们，尽管他们都觉得我很真诚，可只有我自己知道我从来都没有说过一句真心话。我盲目地用刷题当作努力，在别人辛苦背书的时候我总是不屑，我觉得我不需要背书就可以洋洋洒洒地写出小论文，我觉得我有天赋。

在某一次课后，我终于不得不承认，我根本没有所谓的天赋，只不过是之前在理科氛围浓厚的班级里，我的文科成绩比较突出罢了。

距离高考只有100多天了。我看着高高挂起的倒计时牌，从后面的柜子里翻出来许久不用的课本。很可笑吧？作为高三复习的学生，我却连课本都不用了。我一直固执己见地用着教辅资料，妄图展现出自己的独特方法。可是教辅再怎么详细总不是课本，它无法把课本上的每一个字都摘录进去。

我开口向同桌借政治历史的课本笔记，学习她找一个笔记本，自己整理每单元的知识要点与思维导图，认真利用老师课堂上留出来的背书时间背书，而不是超前写别的作业。打开崭新的数学课本仔仔细细地勾画每一个概念定理，完成课后习题，认真对待作业，不会就把它空着。虽然我的成绩依旧没有大的起色，可我很满足，很放松了。因为我面对着真实的自己。卷子上的分数没有涨，但我的心却一点点踏实，丰满。我感到那些知识正一天一天地源源不断地进入我的脑子里。

我去吃饭，就一个人，有时候坐在中间，会有同学过来和我一起吃。有时候坐在角落，发现了很多一个人吃饭的同学，他们优雅而淡定，享受着一个人独处的时光。我开始拉下脸皮，主动拿着不会的题目问老师。他们说我的笑变多了，是的，尽管有时候我还是很难过，因为一次两次的考试失意，可我依旧笑着，装作不在意。装久了，也就成真了。

最后的那个月，我们疯狂刷着试卷，不管错得多么惨烈，我好像都不在意了。我跑到后排问同学要多的空白卷子做错题集，下课疯狂找老师解决自己的问题，每天逼着自己去一趟办公室……这种纯粹的学习，或许是我最后能成功的原因。

高考的三天，是我高中生活以来最放松的三天。我不去想成败，不去想难易，不去纠结对错，做一个无情的刷题机器。当政治考试结束铃声打响的那一刻，我知道，我做到了。或许我会忘了一切！我会忘记题目，忘记自卑，忘记痛苦。可我不会忘记那些日日夜夜的拼搏，那种孤注一掷的坚定。

一年多的时间，我提高了一百四十分，从班级四十多名进步到第四名，从年级一千多名进步到一百多名。

一年前，爸妈担心我考不上本科，现在我放弃了几所985，在某个211学着它全球排名第一的专业。

在同班同学眼里，我是高考前两周就提高了八九十分的"幸运儿"。看分数的话，确实是这样的。但我没有投机取巧，只是厚积薄发，用汗水和泪水浇灌的花朵恰好在高考那三天全部绽放。

过不了本科线的"海棠花"

我仍记得一年半前那个让我无法面对的成绩，那次的成绩如果换算成今年高考的成绩，我应该恰好考不上本科。我知道自己成绩差，但看到那个分数时仍觉得难以置信，我怎么可能连本科都考不上呢？如果不是山东的赋分制，按满分七百五算的话，我的原始分连四百分都没有。我一秒都不想看见它，但我害怕逃避会让自己变得麻痹。当天晚上我还是狠了狠心，卡点在凌晨四点半截屏做了手机屏保。"凌晨四点半，海棠花未眠"，我多么茫然啊，我的海棠花什么时候绽开？

我的文科成绩很好，但即使在新高考任意组合选科的机制下，我仍固执地选了全理科。我还记得选科前最后一次物理考试，我考了十九分，化学好点四十多分，生物五十多分。妈妈劝阻了我好多次，我理直气壮道："理科有标准答案，我就是冲着考一百分去的。"虽是用开玩笑的语气说出的，但我是认真的。

在我的心底，始终疯狂地认为我能考985、211，只不过这想法在年级排名一千多名的背景下显得自大又可笑。我还记得刚

❀ 榕 灿

一年多，我提高了一百四十分

高三这一年，我确实做到了对我个人来说的"量力而行，尽力而为"。

上高中时，十五六岁的我就把 QQ 个性签名改成"不考一中前百不改签"。不管时间过去多久，我的成绩如何，那条个性签名都在那里挂着，我从未想过更改它。对我来说，不改它像个笑话，但改了更像。总怀揣着"我最后肯定能考上 985、211"的想法，但我不敢说出口，哪好意思说啊？我不知道为什么自己会对这个想法如此坚定，但我确实如此，而我也庆幸我的"普信"，让我可以在高三最初几个月成绩徘徊在四百多分时仍然坚持着。

成绩就是"起落落落落落落"

我是一个坐不住的人，更何况当时的我基础很差，面对题目只觉得根本无从下手，哪怕发呆都不想动笔。我宁愿在同学们奋笔疾书时，自告奋勇地响应大喇叭的号召去刷我们班的垃圾桶。班主任上课时会抓拍睡觉的同学，于是我抱着星黛露玩偶趴在桌子上熟睡的照片出现在了家长群里。

等到高三了，我终于从"要学习"，变成了"要努力学习"，但我还是不知道怎么学，高中成绩真的不是靠长时间的持续学习就可以提高的。最初的我总觉得要恶补短科，下次成绩就能提高，于是我数学不好就专攻数学，结果好不容易月考数学考了年级前三百名，由于其他科考得不理想，我的总排名还是在年级七八百名。而且我欠的知识实在太多，好不容易这个月把高一的知识点学懂了，下个月高二的习题又把我打趴下了。每一次成绩出来时，我都会哭上至少半个小时，然后告诉自己，"OK，我还能冲，我知道接下来我应当使劲学啥了"。很长一段时间里，我的成绩并无起色，我经常因为心态崩溃失眠。我需要一次次亲

自否认并推翻之前的学习方法及成果，重新摸索更好的方法，就这样不断地否定自己，不断地更新自己。在高三的一场场考试中，我把我所有能犯的错全犯了，不变的是始终坚持。

"差生"身份推动着我

事实上，我和身边大多数同学一样，没有一个明确想考的大学（我喜欢复旦，但差距太大了真的推动不了我），也没有在年级前列的"男神"吸引着我追上。我妈总说我"三分钟热度"，我总无所谓地回击她"一个三分钟过去，再来一个三分钟呗"。事实上，也没有那么多条件能激励我，让我维持长时间"满身人血变鸡血"的状态。

有时候我想，长时间有效、有力推动我的或许是我"差生"的身份，还有环绕在我周围的"负能量"。

经常有同学问问题，问了我周围所有人，唯独直接无视我，不是恶意，是忽略。即使我偶尔听见了自己会的题忍不住开口回答，他们也只是礼貌性地笑笑，然后继续问下一个人。我不想批判什么，因为如果是我，我可能也这样，毕竟没人想花费时间去听一个错误概率极大的答案。大部分人在骨子里都对"学霸"极其尊重，对"学渣"可能不至于不屑一顾，但也会觉得成绩差的学生是没有话语权的，成绩好的同学给出的答案才更有说服力。

我们学校每次考试的考场也是按成绩排的，每当大家围在一起找考场时，我总是有点尴尬。每次我都要从下往上找，从上往下找要花很长时间，更尴尬。在考场上还会偶遇小学、初中同学，不管他们是路过的"学霸"，还是同场的"盟友"，他们友好的招呼总让我有点挺不直腰。偶尔

看到有人投来嘲讽的笑，或者是看到我讨厌的人排名比我靠前，我就会"破防"。我不是圣人，我接受不了，坦白说，更狭隘一点，我不允许。我承认能持续性推动我前进的从来不是"鸡汤"和正能量，相反，是无视的目光和嘲讽的笑容。那时我年纪太小，没有社会经验，真的不懂未来找工作时985和普通本科的区别到底有多大，平均工资差距到底意味着什么，但是我知道考好了会受到更多人的尊重，或者粗俗一点来说，"985""211"的名头好听，能让我抬得起头。

忍一年睡不够、不能当美女的生活

在十七八岁的年龄，我向往着自己像青春校园剧中的女主角一样一直光鲜亮丽，但总是会因为打扮付出的大量时间而感到焦虑心慌，越来越觉得没有必要，因为我并没有因此感到开心。由于晚上要熬夜学习，眼睛干涩，黑框眼镜代替隐形眼镜的时间逐渐加长，即使高度近视镜片下我的眼睛看起来很小。化妆次数也越来越少，甚至连洗头频率都从一周三次变成一周一次，因为认真学习真的好费脑力，我更需要补觉。

我身体素质差且基因里仿佛有太多的"睡觉因子"。上午第一节课，我常常会睡过去，什么办法都试过了，但就是站着也要"晕倒"，晚上十一点就睡也不行，就算偶尔强撑住了，也什么都学不进去。我羡慕熬夜早起还可以一天精力充沛的同学，常难过地向妈妈说"他们就是为学习而生的"，而我却常常毫无知觉地睡着，醒来后愧疚到要哭，于是白天课间也成了我的自习时间，晚上熬夜到凌晨两三点，以此把之前早上那一觉浪费的时间补回来。但确实人不是钢铁，

这样的作息我一周只能坚持三天，到了周四周五，我会因为熬夜而感到胸闷、心慌，难受得想哭。可是这作息，是我尽力赶上其他同学的最佳办法了。我欠的东西太多，我要付出更多。还好高三这一年，我确实做到了对我个人来说的"量力而行，尽力而为"。

上天会眷顾努力的人

直到最后一次考试，我的成绩比最初进步了五六十分，已经差不多可以够到一本线了，但我仍固执地分析着各科成绩还不够理想的原因。从这一点上来说，高考像是解脱，因为我总算不用分析这次考试成绩为什么差了，而阶段性的考试我总要烦恼是不是这一段时间学习方法用错了白学了，要不断地复盘、反省。最后一次考试，只需要抛开顾虑就好。

而放下顾虑的我，也发挥了我最好的水平。高考成绩超出了最后一次模拟考试九十分，比我手机屏保上那个成绩高了近一百四十分。

成绩下来后，我也自我怀疑过是不是有运气成分，但是对了答案，我发现自己蒙的所有题一个都没有对。嘿嘿，谁会高考走运多拿八九十分？这都是我的实力。高考前最后一次模拟考试，我也只是从班级四十多名进步到二三十名，没有打很漂亮的翻身仗，但我笑到最后啦，终于在高考时考了班级前五。

一年半之前的我也不会想到，现在的我也成了我曾日日夜夜反复听着入睡的励志故事的主人公。我也"勉勉强强"改了两年前执拗写下的QQ个性签名，就寥寥几个字"我改个签了"，我想，这足以为我的青春奋斗史画上完美的句号。

一个小鸡仔 奔向鹤群的经验

❋ 注册营养师 XIXi

如果你自己觉得你努力了，但是成绩还是不好，有一个蠢办法：向你们班的第一名看齐。

• • • •

高中三年，我下午饭没有出去吃过，都是买菜夹饼放在桌兜，加水一边学习一边吃；课间没有玩过，一直在刷题，实在太累就眯一会儿；路上要听英语背单词；回家要刷理综、英语，整理错题本；除了学校布置的作业，我每门还自己挑了5—6本资料，和老师教学同步学习，高考完，试卷整理的时候比我腰高；每天除了吃饭、睡觉，不学习的时间基本在半小时内；因为太拼命得了低血压，一边输液一边学习，后来大学放松了血压自己上升了……

那时候我觉得最幸福的时光有三点：

1. 洗头发后，我靠着暖气背英语单词。很舒服，一般是半个小时。

2. 周六下午不上晚自习，回家趴在床上看明星八卦，大概一个小时。

3. 周日早上上半天课，中午我会在朝南的卧室睡个午觉。尤其是春秋冬，有阳光，很美妙，大概2小时。

高考我发挥不错，从全校600—800名考入50—60名，很累，但是我知道，我破釜沉舟拼尽全力能收获什么。数学148分，最后达到的程度就是我3分钟答完10道数学选择题，为什么？因为上面所有的题目我都做过至少10遍。我看到题目就知道要问什么，怎么做，80%以上的题目看到就知道答案。30分钟答完数学。我那年数学确实简单，就是有点绕，它会比你想的思路多一个陷阱让你钻，但是我经历的题目太多，也知道陷阱和关键字在哪里。

坦白说如果数学难，我也会答得很惨。我的理解力、能力、智商有限，在大学和工作后遇到了比我周围人更多的困难。我一直要付出更多的努力来取得和别人一样的成就。

我闺蜜高考失误也轻松考了600多分。

她高中也轻轻松松，没有做除学校外的题，保送硕士，研究所可以随着自己挑选。因为要留在西安，华为就可以直接挑无线、终端。我觉得自己一路走来很累，像小鸡拼命跑到了鹤群里，但是至少我现在过得还不错，所以那么拼命也值得。

我把我的方法分享给大家，感兴趣的你可以试一试。

1. 普通班

我刚进学校的时候大概是 600—800 名，分在普通班。普通班里，大家都资质平平，靠努力和认真拿到前三我觉得问题不太大。

如果你自己觉得你努力了，但是成绩还是不好，有一个蠢办法：向你们班的第一名看齐。他学什么你学什么。随时保持同步，单纯地模仿，完全一致地模仿。他学生物的什么资料，你也买来，看他学的时候拿出来学，还要比他做更多的题目。一般班级第一都很努力。前提是不要太显眼了，要不然大家以为你暗恋他。

所以我的学习方法就是：努力和第一名靠拢，自己没有养成好的学习习惯并且不知道怎么做时，先从模仿开始，放心，慢慢你就会有自己的学习方法。

2. 实验班

后来我就进了实验班。学习进度非常快，比普通班快 2 倍，但是更多是在加深度和扩广度。如果说普通班是表皮，实验班就在真皮。我刚开始进去不适应，因为进度太快，老师说话也太快以至于我上课都听不懂。晚上回来先哭半个小时，然后看老师的 PPT 一遍遍捋顺。大概哭了一个多月就好了，就可以赶上进度了。

这里我要说：老师在课上选择的经典例题是非常好的，比自己在课下各种挖好多了——一定要把老师课上讲到的东西完全

吃透！！自己有余力的话就继续向课外挖。

在实验班，老师给的东西比普通班多很多。其实我觉得这种情况下如果能完全吃透老师讲的，考一个普通一本问题不大。

3. 做题

我课下两天做一份数学试卷，做完利用在校休息时间，不懂的地方请教别人。我自己遇到类似的题型没有避开过，还是一遍遍算。很多题看似一样，其实还是有部分暗藏玄机，比你想的多拐一个弯儿。只要认认真真多做题，在数学不难的情况下，最多损失最后一个大题的分数。

我觉得刷题对于每个科目都是很必要的。注意一个地方就是：做题是为了找到自己的不足，不管是哪个点的问题——理解不到位、思路错了或者不细心等等，做题的目的就是找到错误并发现改正。所以对每一个错误都要非常珍惜。这是一个拔出自身缺点的最好的机会。我一般会用红笔在旁边再做一遍，并且写出错误的原因。我也会在每张试卷后面分析自己成败的原因，比如为什么考得好？为什么考得差？差了该如何改正？我觉得这个方法很好。

最后一定要细心。做过的题就一定不能再错了。遇到举棋不定的知识点，一定要多动手去翻阅，这个点你就是不清楚，不要抱侥幸心理。我的经验是：不吃透这个点，今天栽倒在这里，明天还是会栽在这里，所以不能留死角。

嗯，这就是一个小鸡仔奔向鹤群的经验。

先奔进去吧，虽然以后吃苦的地方还是很多，但是总比不努力待在差环境里好。学校已经是很公平的地方了，我们可以通过自己的努力改变环境。送给各位朋友我最喜欢的一句话："少年何妨梦摘星，敢挽桑弓射玉衡。"

那个高三没考过600分的女孩去了山城

✽汐

> 成绩出来的那一刻，我忽然有了一种释然，没有想象中的那种激动，倒是十分平静。

现在依然记得，我们刚上高三时，大家开玩笑的一句话：高一时非985不上，高二时觉得211也行，高三时能上普通一本就行。而这句玩笑话，最终却成了无数人的现实。而我，差点就成了其中一员。

高一分班时，我从普通班进入了预备班（实验班之下，普通班之上）。初入快班，压力固然很大，周围的同学都是佼佼者，相比之下我似乎是一个毫不突出的小透明，高一的成绩也印证着这句话，初中与高中的成绩对比，也令我产生过自我怀疑，但我却没有选择放弃。第一次成绩不好，可能需要一天来调整，两次成绩不好，可能需要半天来调整，直到最后，成绩不好的时候，我甚至只需要半个小时就完全可以投入新的学习中。说来好笑，我甚至觉得高二高三时面对考试失利时的好心态，都是在那时磨砺出来的。

进入高二，换了一个生物老师当班主任。可以说，他影响了我整个高二高三的生物成绩。高一的时候，我最差的就是生物，倒不是不会背书，就是搞不明白孟德尔和他的豌豆杂交。是的，遗传计算我学得一塌糊涂，生物成绩一般都是在班级倒数。但是，这位班主任的生物课每天课前都要提问，他一提问，眼就往后瞟，坐在后面的我就经常被列入提问梯队，为了不天天站着上课，只能发奋背书，结果就是尽管依然搞不懂孟德尔和豌豆，其他几本书倒是背得滚瓜烂熟，使得我的生物成绩在高二时基本没掉出过年级前一百，最好时甚至拿过年级第四。在生物成绩的提升下，我的总成绩也一直提高，稳定在了年级前二百名左右。可惜的是，那个生物老师在我们即将进入高三时调去了深圳。否则，说不定我高考的生物成绩可以再高一些。

高三，是最特别的一年。班主任的又

一次更换，让整个班级陷入了一种沉寂。新的班主任是个年轻的数学老师，名校毕业，教学成绩也不错，可是却十分严格。过去两年松散惯了，大家对她严格的管班方式并不买账，甚至一再抗衡。这样下去的结果是她主动辞去班主任职责，我们的班主任换成了当时的物理老师。可以说她是整个上学生涯中对我影响最大的班主任。倒不是说我的物理成绩有多好，而是因为她的话让我撑过了高三。

高三时，我最差的两科是物理和化学。可是无论我怎样努力，别人眼里简单的受力分析我就是弄不懂，别人信手拈来的化学方程式，我就是记不住。那段时间简直是高三最黑暗的时期，每天都在考试，每天都在出成绩。考得差是常态，考得好是偶然。

我也十分迷茫。还记得高一刚入学时，我的理想还是去厦大学物理，而到了高三，我的物理成绩让我不得不放弃了这个想法。也是在这时，我突然明白了我真正喜欢的其实是偏文科的东西，于是我把目标定在了政法院校。但是我当时的成绩距离法学最好的五院四系却还是有着一段距离的。

后来的一次班会坚定了我的想法。班主任在那场班会上告诉我们，没有哪一次的考试可以决定你的终点，你永远不知道最后的一场考试谁会是黑马，就像那个出名的比喻：高考就是一群人在黑暗中洗衣服，没有人知道衣服干不干净，你只能不断地搓洗，灯亮的那一刻，才知道谁的衣服最干净。那次的班会给了我莫大的鼓励，不知道究竟是哪句话打动了我，反正从那之后，面对糟糕的成绩，我依然选择坚持。

成绩渐渐地有了起色，但是在最后一次的模拟考试中，我迎来了一次下跌，巨大的失利让我对接下来即将到来的高考感到前所未有的畏惧。我去找班主任谈心，我记得我问她："高三从来没考过600分以上还有救吗？"她的回答我记了很久，她说："为什么要去担心一个未知的考试，为什么要用过去的考试来估测高考，你要记住，高考的时候你们甚至不会遇到一道曾经做过的题，更不要提一模一样的卷子，你们所能做的就只是把现在做好，努力去弄懂错过的题，为高考做好最充足的准备，高三没考过600分与高考没有任何关系。"

想着她的话，看着倒计时一天天减少，我的内心竟然没有了不安，反而更加自信。但是，直到高三最后一天，我的成绩依然没有达到过几所顶尖政法院校的投档线。

终于，高考来临了，坐在考场上的那一刻，我甚至没有一丝的紧张感。但是第一天上午的语文考完，我却意外地发烧了，中午急匆匆吃了药，还好下午考数学的时候还算清醒。不算太顺利的两天结束后，我直到查分那天都没有对答案。所以出分前，我一直都不知道自己考得怎么样，哪怕连估分都不太敢。

出分那天晚上，我等到了十一点五十，几个人的小群里满溢着激动，成绩说是十二点整公布，但在十一点五十五的时候，群里一个朋友说可以查了，惊讶之余我也点开了查分界面，成绩出来的那一刻，我忽然有了一种释然，没有想象中的那种激动，倒是十分平静。高三一年都没考过600以上的我，高考成绩613分，全河南省理科排一万四千名。面对这个成绩，我选择报考了五院四系的西南政法大学，圆了我的政法梦。

2023年，那个高三从没考过600分的女孩收到了来自山城的礼物，9月份，她走出了大山，去追寻自己的梦想。

她的高三没有轰轰烈烈，却也并不平淡。

✲ 一碗米饭

砸碎了月光，就会看到太阳

成功的路上没有捷径，"坚持"才是成功路上最好的良策。只有砸碎了月光，打破了屏障，才能看到太阳升起的模样。

对有的人来说，高三或许是轻松愉悦的，但是对于一个高一高二都在浑浑噩噩度日子的人来说，高三无疑是一场灾难。

初中毕业后，我考上了全市最好的高中，当然也是全市升学率最优秀的高中。按照我们学校的排名，一个年级有1500多号人，400多名文科生，1100多名理科生。在这些理科生中，前100名毫无疑问是可以上985的优秀学府的，而100到300名则有211名校的选择空间。剩下再到一本线上，也就是500个人左右，都是可以上一个一本的，那么剩下的人呢？二本，专科的都有。

在上高中之前，甚至是在高一的时候，我还痴心妄想着高中毕业以后去上武汉大学。可终究是现实磨平了我心里的所有傲气和棱角。上了高中之后，我再也不是初中那个即使偶尔上课打个盹、开个小差也能名列前茅的学生了。但是在知道了这些之后，在知道了我的能力跟不上学习进度之后，我却依旧我行我素，不知悔改。高一高二的生活充斥着嬉笑打闹，可是却偏偏没有最重要的——学习。那个时候的我心中坚定地认为，我的青春我做主，青春就应该肆意张扬，不应该被学习捆绑。像是被灌了迷魂汤一样，不论父母老师多么苦口婆心地规劝，多么言辞恳切地教导，我始终不曾回头。

转变是在高二下学期的期末考试。以前虽然也考得不太能看，却也是勉勉强强能在一本线徘徊，我心里认定了，到了高考我一定能稳稳超过一本线，无奈现实给了我一巴掌，我考到了年级1085名。1085名啊，这是一个什么概念呢，这个年级的理科生总共才有1136个人啊！看着自己的成绩，自己的排名，我第一次体会到了绝望，眼泪没有知觉地往下淌，心中突然被挤入了一种极为复杂的情绪，无力，无措，荒凉还有迷茫。怎么会不痛苦呢，想起高一还很自信地写下自己的目标是武汉大学；怎么会觉得不丢人呢，看见同学眼里诧异的目光；怎么会不感到懊悔呢，想起父母满脸的失望。怎么就变成了现在这样呢？我第一次肯正视眼前的这个自己，发现我早已经不是以前那个意气风发的模样，早已经没有了原来的底气和自信，原来这两年，我失去的不仅仅是学习。也终于认识到，再不做出改变，我就没有学校可以上了。

高二结束的那个暑假，我疯了一样地在家学习，无论什么都是来者不拒地吸收，但是没有用啊。我根本不知道该用什么样的方法去学习。多么可笑，作为一个学生，我只知道学习，却根本不会学习。开始的进度是缓慢的，没有什么一夜醒来就聪明绝顶，每一块知识都是我咬着牙把它啃下去的。真的很难，我理化生的知识储备量仅有百分之二十，每一次做题心态都要炸裂，一页页的题上全部都是红笔标注，每一道题的每一问，我都不能轻易地把它放过去。

在家这样进行了一段时间后，我意识到这种方法的低效性，我开始思考，如何才能更高效地学习，更好地接纳知识。于是我准备了12个本，每个学科两个，一个记录错题，一个记录笔记。将做过的错题贴到错题本上，把每一个题的疑问都清清楚楚地解决掉，并在错题旁批注知识点的出处，一段时间后，回看错题本，把类似的题型多找几道，把知识点归类，总结性地记在笔记本上。

高三开学后，每一个人都打了鸡血般地向前冲。我自然是焦虑的，可是我知道这没有用，只有调整好自己的心态才能更好地学习。不管别人怎样，只要自己脚踏实地把每一步走好。老师开始了一轮复习，

很感激老师一轮复习的时候把知识点讲得详细，让我这个落后的人有了一次重新来过的机会。我紧跟着每一科老师的步伐，踏踏实实地把欠缺的知识重新找回来。笔记本上密密麻麻却也十分有条理，每一科的每一课我都贪婪得舍不得放过。

以前还觉得，早上起来背书，晚上在宿舍厕所学习的行为很难理解，但没想到有这么一天，自己也成为了这样起早贪黑的人。每一个清晨天还没亮，闹铃还没响，我就一咕噜地从床上爬起，简单收拾好自己就趴在阳台上开始小声背书，语文的古诗词，数学的准确概念，英语的3 500个单词，物理的知识框架，化学的方程式，生物的细碎知识。上课认真跟着老师走，再也不敢放松一时半刻，课间抽时间翻看曾经做过的错题，实在熬不住了就稍微眯一会儿。吃饭的时间也大大减少，以前恨不得满校园地跑，现在和曾经的好友告别，一个人一下课就冲进餐厅，找人最少的窗口买饭，吃饭仅仅是为了给自己饱腹感，吃完饭回到班级，接着新一轮的学习。晚上永远是最后一个从教室离开，寝室中永远是最后一个熄灯。像一个不知疲惫的永动机，每天用最大的热情来拥抱学习，期待着它给我，哪怕是一点点的反馈。

这样的日子持续到了一模，我满心期待着自己这么多天日日夜夜的努力能换来一个让人欢喜的理想成绩，结果，却让人心灰意冷。虽然不再是倒数，但我还是在一本线附近徘徊，这距离我的目标还差得太远太远。在最初读不懂题时，我没有难过；在看着满页满页的错时，也没有沮丧；在面对别人的不信任时，也没有失望。可是，在看到我的成绩时，心里好像有一根弦崩了。这么多天，满腹的委屈、悲伤、挫败

一股脑地全部倾泻而出。不明白为什么还是这样的成绩，明明已经这么用功了，我为什么还是如此差劲，那么多的努力究竟去哪了！我真的无可救药了吗？

一个人在上自习课的时候躲在厕所大哭，眼泪不断地往下掉，心中的所有不满却也好像随着眼泪的发泄流走了。我明白，我没有时间让自己去调整心态，没有人会等我放慢脚步，高考也不会因为一个人的失意就推迟时间。此时此刻，能让我重新振作的只有我自己，如果努力，尚且有一线希望，不努力就真的没有好的结果了。于是，整装待发，重新出战。

接下来的每一天，我都拼尽全力去备考，把时间掰成两半用，学习再也不是东一锤头西一棒子，而是有选择性地接纳，分清楚什么是短时间内对自己最有效的方法，什么是长时间的功效。累了，就在吃饭的时候放纵一下，多给自己一些放松的空间，撑不下去了，就去找老师朋友聊聊天，舒缓心态。

在这样合理规划下，二模逐渐走近了，我一头扎进题海中，只等着二模纵身一跃。考场上心无旁骛，专注于自己的每一道题，虽然还是有很多不会的，却也大大减少了，这个转变让我感到惊喜，我是真的进步了。新一轮的考试成绩出来后，我并没有着急去看，因为考完试我就知道，这次考试一定会往前走。当老师把成绩单向每个人公布时，我下意识地从下往上去寻找，没有！直到在成绩单的中间我才发现自己的名字。心，一下子就放松下来，说是不紧张，到底还是期待的。我真的成功了！从40多名走到20多名，别人或许只看到了成绩单的这一刹那，我却真真切切地知道，自己到底为此付出了多么大的努力。生活还在继续，高考还在等待，这只是一个节点，并不是

终点，我接着孜孜以求。

高考的日子越来越近了，我调整了自己的学习计划，在最后两个月的时候，不再管高难度的题，反而好好把握住对我来说并不是很难，伸一伸手就可以够到的东西。我的成绩也在我的努力下稳稳地停在了班里的15名左右。这是我高二结束时根本就不敢想的事情，但是现在，我做到了。

考完英语的那个下午，是个大太阳。我走出考场，父母站在考场学校的对面，他们没有问我考得怎么样，我很好奇他们怎么不问，他们告诉我说，我从学校出来走过马路的时候，整个人都意气风发，他们觉得好像不用再多说什么了。那是我这三年来，第一次看到父母脸上的骄傲和解脱。

高考成绩出来的那一天晚上，我们一家人都没有睡，一个人捧着一部手机，等着查最后给我拍案定板的分数。最后还是我先查到，理科603分，一本分数线是518。我把手机上的信息举起来让父母看的那一瞬间，突然就绷不住了，心头涌上一股股酸涩，眼泪无意识地往下流。我隐隐看到我妈的眼中也有泪光，我爸沉默得一句话也不说。

报名时，我选择了一个211院校。老师看到我的录取结果时，很感慨地同我讲，高一高二的时候觉得我这个姑娘八成是要废了，但是没想到高三的时候我突然有了那么大的冲劲，刚开始以为我不过是三分钟热度，结果日复一日地，我真的坚持了下来。我说，我也没想到我居然真的走到了这个地步。是啊，任谁能想到，曾经在高三化学笔记本第一页上记着过氧化氢是纯净物的人，在高三结束后居然考上了一个211呢。

成功的路上没有捷径，"坚持"才是成功路上最好的良策。只有揉碎了月光，打破了屏障，才能看到太阳升起的模样。

被安排得明明白白，
不如主动出击未来

高中第一年：
先向未来下个订单

✳ 冯天娇

假如真有时光机，我一定要回到高中，把这句话告诉那个曾经懵懂的自己。可是现实没有时光机，所以我要在这里把这句话讲给刚刚开始高中生活，犹如破壳雏鸟的你们：先抬头看路，再埋头拉车，规划未来要趁早！

让老学姐先来分享我的大学班主任在课上讲过的一段话：

"说实在的，我有时候觉得我现在的这些辛苦，可能是因为我当年没有多想一点。当年我的成绩还可以，就觉得这一路可以这样保送下去，那我还要多想什么呢？其实太过于顺利，也未必是一件好事情。因为当你不需要付出太多的努力，就可以得到一个东西的时候，这个东西未必是很好的。所以，你不要害怕辛苦，感觉到辛苦的时候，你是在往好的方向走。"

我的班主任是个学霸，大学保送"西外"，研究生保送"上外"。然而，就是这样的人，也会懊悔自己过去为什么没有为未来多想一想。我把他说的这段话写在了摘抄本上，每一次翻看时，它都会提醒我：不要停止对未来的思考，再多想一点，再

多考虑一点。

什么是规划未来？

规划未来，也许高中的你会觉得这个词太过高大上。那我们也可以换个更接地气、更容易理解的说法——做计划。学海沉浮，相信大多数人多多少少都做过计划，不管是长期计划，还是短期计划。

长期计划有多长？人的一生有多长，长期计划就可以有多长。比如：这辈子我要成为一个什么样的人，我将为这个社会做出什么贡献。短期计划有多短？例如，完成每一件小事，制订每天的计划，进行睡前反思……

规划未来，就是一个以长期计划和短期计划为桥梁，尽自己最大的努力将未来可视化的过程。在这个过程中，你可以清晰地看到自己正处于哪一个阶段，要做、该做什么事情。

为什么要规划未来？

规划未来的目的可以概括成四个字，"心中有数"。对什么有数？一是你的成长核心，二是你的成长速度。

首先说说成长核心。人类的本质是追

求进步的，如果你没有明确自己的成长核心，反而去追求其他，那你的内心其实是不安的。我们可以举一个例子：我在高一的时候语文和英语成绩很好，但数学严重拖后腿。那么这个时候什么能给我带来最大的成长？什么是我的成长核心？是数学。但如果在这时我没有一个总体的"高考提分规划"，那么有可能发生这种情况（事实上也发生了）——我继续努力学习语文和英语，对数学的弱势却视而不见。

你可能会说：数学不好这种事情一看就知道吧，不用做规划，自己也应该知道要提高数学的分数吧？不要太过于高估自己，如果没有一个明确的规划（目标）去鞭策你，"自觉提高弱势学科分数"这种事是很困难的。永远不要高估一个人的自制力，趋利避害是人的本能。人其实很容易陷在舒适区里，就像鸵鸟一样把头埋进沙丘，选择性地忽略对自己不利的信息，对生活中那些重要但（在近期）不紧急的事情视而不见。

再来说说成长速度。我们总是把成长挂在嘴边，个人成长、终身成长……到底什么是成长？你真的成长了吗？高中的时候，我曾犯过一个严重的错误——自我感动式努力。当时我每天忙忙碌碌，成绩没什么起色，却觉得自己在很努力地"成长"。成长是什么？你努力以后可以看到的结果叫成长，努力的过程不叫成长，而是学习过程。比如说我第一个学期数学成绩75分，第二个学期提高到95分。75分到95分这个可视化的结果叫成长。我做了多少题、做了多少笔记不是成长，而是成长过程。

你的规划是一个参照物。如果你努力了一星期、一个月、一年，结果却发现自己没有达到目标，那就不要再做自我感动式的学习了，应该去寻找原因，马上进行调整，

规划的意义正在于此。

没有规划（目标）怎么办？

我特别喜欢潇洒姐的一个比喻：你是一个小雪球，林海雪原上有一个起点，你拿不准自己应该朝哪儿滚。但你不妨先滚起来，反正到处都是雪，滚到哪儿都能让自己变厚。也许你绕远儿了，或者后来发现方向错了，但是你终究强大了，最后变成个大雪球。变大了以后，再往你想去的方向滚，总会容易一些。

没有找到自己的人生目标，暂时还没有规划好自己之后的路，并不影响你干劲十足地去学习。你要时刻准备着，而不是等找到目标之后才开始努力。

去努力吧！努力学习每一个科目，努力过好每一天，努力做好你手上的每一件小事。这并非白费功夫，你做每一件小事的态度，都会成为你今后性格的一部分；你认真去做的每一件小事，最终都会成为你的个人积累。

去探索吧！找到自己的定位，就像村上春树所说，"寻找只有自己才能做的事情"。去调研，多跟身边的人交流，在他人的反馈中"撞击出自我"。去读书，看看让你感觉很厉害的人的传记，发现自己内心的渴望。去反思，花点时间去回忆你的特长、兴趣，哪怕只是一个小小的闪光点，也可能会带给你非常光明的前途。

高中第一年，先向未来下个订单。不妨在你的规划上写下那最狂野的想象，然后用三年时间去自证预言。写下你的规划，每每翻看，都会感觉热血涌上心头。我始终相信，念念不忘，必有回响。求仁得仁，你相信什么，最终就会得到什么。

"树木美丽，幽暗而深邃，但我有诺言，尚待实现，还要奔行百里，方可沉睡。"

被称为"地理狂人"，我是怎么狂的

✳ 一群不一样的猫

地理，又被称为"没有天理"。地理手中残存着不知多少文科生的怨念，我算是比较幸运的一个，地理成绩一直还算可以。我今年刚刚毕业，也想给还在地理手下讨生活的高中生们一点点帮助。话不多说，这就开始发车啦。

1

我高中进入了一个极其重视理科的学校，也进到了一个理科班。这对理科不好的我来说挺痛苦的，化学，物理，生物，好像每一门理科的老师都认为我会选文科，所以对我的态度也是很淡。当时我过得有些压抑，像个迷失方向的沙漠旅人。

当我发现地理课本上有关地球、河流等的插图时，当我听到地理老师讲出了许多我想去却从未踏足的地方时，我突然发现地理可以让我看到我一直想去看的风景。

有人懂那种感觉吗？你融不进班级大环境的时候，突然出现一个老师，长得很周正（我承认我当初有点看颜值了），性格也很好，而且他会给你讲述你一直渴望去做的事情，无论好坏。

自然而然地，我开始在这位老师上课的时候不再埋头刷物理、化学题，而是掏出地理书认真听讲，记笔记。慢慢地我在早自习的时候，也不会掏出我的生物书和化学书，而是把地理书捧在手里，背着我在上面记下的满满当当的知识点。我也开始沉迷于地理题，遇到不会的，会直接跑去找我的地理老师，有时找不到他，我可能就会直接蹲在办公室门口刷着题等他。现在想想，好像是把学地理当成一种精神寄托一样，我感觉我只有在学地理的时候才是开心的，其实把这份热情用在学习哪一科上结果都不会让人失望。

我建议无论是老高考决定选文科还是新高考选了地理的学弟学妹们，一定要把课本啃透。我的地理成绩一直能稳定在一个不错的区间，很大程度上是因为我高一高二的课本知识打得扎实，地理中的很多知识点都在课本上一块很小很不起眼的地方。

我在高三的时候，地理学习有段时间陷入了瓶颈，因为我感觉到好多知识点在我日复一日的刷题中渐渐淡化了。那段时间我的地理成绩虽然一直稳定，但我知道那是空中楼阁，镜花水月，在同学向我请教题目的时候，我脑子里已经没有关于题目所示地区的知识点了，我只是麻木地靠感觉这种很玄学的东西在支撑。我不再像之前一样，对题目的知识点侃侃而谈，而是支支吾吾地说："这题就该这样选的，为什么，不知道。"

我丢失了学习地理的乐趣，不知道哪天感觉就会消失，我就会摔得很惨。我意识到我不能再坐以待毙了，我强迫自己连续一周每天挤出一节课的时间回头看课本，并结合我当下做的卷子看哪些知识点是我已经讲不出的。再加上每天会有同学来问我地理题，我可以快速地回顾我复习的知识点，这才很危险地在高考前两个月找回了我的"快乐地理"。

相信我，如果你现在是高一高二，去深挖课本对地理的提升是很有帮助的，你在这种基础上去做地理题很少会出现"这题有毛病吧！"的长啸。如果你是高三生也没关系的，什么时候开始都不晚。在有限的时间里为地理拼次命，你会收到地理的馈赠的！

2

学地理很重要的一件事就是背地图，地图会让你在后面几年的做题中快速辨认涉及地区是属于世界的哪一块，从而迅速判断气候、地形甚至人文等要素。

比较幸运的是，选了文科之后我的地理老师还是同一个人，他也成了我的班主任。我也不用再花时间去适应新老师。在这也希望你们可以在每一科的学习中都遇到自己喜欢的、适合自己的老师。遇不到也没关系，咱有互联网。

我从高一下学期分完班之后开始背地图。我的班主任每天自习课都花个五六分钟给我们复习"红海，地中海，里海……"，很有趣。他每次都会从这开始，以至于那段时间只要班主任一让我们把地图掏出来，我们的眼睛就盯着红海。

自习课不够的话，可以课下的时候几个朋友一起玩抢答游戏，一个人提地区，其他人抢答该地区在地图上的哪个方向，大概什么经纬。这个游戏玩到后期我们几个朋友可以直接提经纬度回答是什么地方。这个小游戏最大的好处是可以帮我们记住地图上很小的地方。比如：沟通太平洋和北冰洋的是哪个海峡，从北海走水路怎么最快到我国连云港，新疆的疆是哪三山哪两盆。答错的人没有惩罚哦，因为回答错了大家会七嘴八舌地纠正你。悄悄说一句：这个小游戏用来背政治历史也很好用！！快去和小伙伴们玩起来。

我自己有个小技巧，就是把洋流、环流都在地图上画出来，还有东西经90、120、150、180度线，纬度特别是北纬中10的倍数线，都要多描几遍。然后奔着把它看烂的目标，看！随便看，不用刻意去背。只需要看到某一地区时，想它是什么气候，什么成因。

对于中国地图呢，就大概记住省份所在的位置，山脉分布（可以照着工具书上给的山脉分布画，多画几次就记住了）。你们也可以在中国地图里找到一些有趣的小知识，这里我来问问大家，小伙伴们可以掏出中国地图看看哦：山东山西是哪座山的东西呀，湖南湖北在哪个湖的南北呢，雅鲁藏布江是什么形状？虽然知道这些对考试没太大帮助，但可以不经意间秀一把。

最后呢，盼望你们可以把"没有天理"的地理降服，对得起自己就好。无论怎么样都是要去经历的，所以，希望你们对自己的18岁，甘之如饴。

想要当学霸，
必须思想单纯

❋赞赏阿禧

摘自微信公众号"学习狂魔阿禧"

高分通过高难度考试这件事，在我看起来极其简单，无非是投入时间和精力而已。

当然，我不是一开始就能看得如此清晰。我曾经也困惑自己的成绩为什么这么烂，多少个日夜苦苦思考也不得其解。去请教学习成绩好的学霸："有什么好的方法可以提高成绩？"多是得不到回答或者只得到一些官方的建议。比如：上课专心听讲，下课及时复习；大部分东西需要真正理解，不能单单背下来……

直到我走出学渣的思维模式成功提分之后，我才理解之前问的学霸为什么懒得理我。因为想要找"术"、找方法的人多是学习能力很差的学渣，学霸都知道把握"道"才是王者。这个"道"可不是《道德经》里面的道，而是指学习之道，用我的话来说就是学霸思维模式。

如果你也能把握到位，那么提分过程必定能执行力爆棚、困惑极少，同时随着知识瓶颈的突破，你的分数也会直线上升。

思想单纯 VS 思想复杂

今天要来讲一个极其锋锐的思维模式，能帮你彻底"切开"学习困境。

想要当学霸，必须思想单纯。

我见过的考生实在太多了，给我提的各种稀奇古怪的问题都有。很多东西我当时自己备考的时候没怎么仔细想过。我只是专注提分，然后各种复习细节、心态、人际关系等等随着我分数的提高不知不觉中就突破了，现在写出来的多是回忆当时的心路，然后总结出来。

我也是在撞到头破血流后才明白，学习之路，不走捷径就是最高效的捷径。

我有一段特别不堪的学习经历。那时候喜欢听那种"一招解决数学压轴题"的课程，好像自己学到了一个绝世秘籍，很爽，于是天天听，甚至不去上课。还有我总是觉得是所在的环境导致自己学习不好，于是愤怒地对待周围人，把自己弄成了刺猬。结果成绩倒退几十分，反思的时候，我发我们关心的只有三件事:考什么、怎么考、自己为什么做对或做错。

现一个惊人的事情:听课程的这段时间自己压根什么知识都没学到。

于是我决心放下一切妄念,做一个心中只有知识、分数的学生。那么高分需要什么高大上的条件吗?完全不需要。吃好睡好,几张纸几支笔就够了。当我开始这么思考以后,我发现自己的世界变得清爽无比了,思考的空间多了几倍,时间变了几倍。

简单来说,我的思想变得十分单纯了。

相反,还在学习低谷的学渣妄念多、心魔多。今天不想玩手机但是自己控制不住,明天被老师或者舍友影响了一下,后天自己学了一天发现什么都没学到便开始自己打压自己……

发现没有,他们很容易被心魔控制。导致自己持续困在学习低谷的原因就在这里,在我看来,这些心魔99%都是不必要的担心。或者说,他们的思想极其复杂。有人会说,我可以一个一个问题地解决啊。我想说,备考时间可禁不起你这么耗,而且在你止步不前的同时,你的竞争对手正在快马加鞭

地突破呢!

揪出"思想复杂"的根源

想要突破"思想复杂",让自己的思想变得单纯,首先要明白是什么原因导致自己的思想如此复杂。

我总结过,学渣的思想复杂有三个原因:长期以来对自己的不自信、脑内被媒体灌入的垃圾太多,还有生活上的糟心事。

那些学习很厉害的人思想非常简单。提分就是学习生涯的重要目标,需要的条件就是吃好睡好。

生活中,大多数普通人从小就没有得到太多来自这个世界的正反馈,因此会缺乏自信。这是长期形成的思维模式,投射在考试上就是经常性怀疑自己。另外,媒体给我们灌输的太多无效信息也是让我们思想复杂的原因之一。比如双十一就要购物,周末放假要好好去玩,学生需要创新性思维,学生要有伟大的理想……还有各种高大上词汇,比如"深度思维""顶级思维""认

知体系"……

在我看来，这些东西99.9%是我们不需要的。

最后还有身边的糟心事。当你很弱的时候，必定是处在一个质量不佳的环境中。不止一个同学咨询我自己生活中的老师问题、舍友问题、家庭问题，这些事情都或大或小地影响了他们的学习状态。还有在职考研的同学由于工作的原因耽误考研进度，陷入绝望，也可以归于此类。

这三个方面总是让学渣的思想变得复杂，能量场下降几个层次，最后被心魔吞噬。

彻底突破思想复杂，走出学习低谷

那么如何突破呢？

极简化：让自己的思想单纯到只关注知识。

如果你是学霸，那么你看到这句话就会有巨大的共鸣了。如果你还不懂或者还处在学习低谷也没事，只要内化这个思维模式，你也很快就能势如破竹地突破现阶段成绩。

让自己思想单纯到只关注知识，即其他无关知识的东西一概不深入。这里没有多少高深的理解，就是字面意思。

给你讲两个故事，帮助你理解。

第一个是我复读时候的一件事。省一模考试的前一天晚上，我依然按照自己的节奏复习（我不会为了某次模考而改变自己的复习节奏）。班上几个同学在叽里呱啦地猜测明天会考什么。突然其中一个男生喊我："禧哥，你觉得明天会考什么？"其他人看着我。

我回过神来，笑着说了一句让他们摸不着头脑的话："实现人生的价值。"接着就继续复习了。那个喊我的男生平时和我有

交流，马上明白了我的意思，闭嘴复习去了。其他几个不明所以，还在继续讨论。

其实我想表达的是什么？

愚蠢。在这讨论这些毫无意义的事情怎么不去想想怎么实现人生的价值？这个话题够虚，够大，够你们玩无数的头脑风暴，满足多巴胺分泌需求。我从来不猜测考试会考什么，我只会把所有知识全部给弄懂。

还有一个故事。

东汉末年，有个叫司马徽的人，从来不议论别人的长短，回答别人问话，一律都说"好"。有人问他："身体好吗？"他回答说"好"。有人告诉他自己儿子的死讯，他回答说"很好"。

他的妻子责备他说："人家认为你品德高尚，才把儿子的死讯相告，哪有听说别人死了儿子，反而说很好呢？"司马徽说："像您刚才的话，也很好！"

明白这两个故事的含义了吗？

与自己无关的事情，一分钟都不应该去花精力研究，原因很简单，与自己无关。直到现在我依然坚持这个习惯。

我们的生命真的很短暂，和自己无关的事情，不值得多花一秒时间。同样的，我们的备考时间也很宝贵，和知识无关的事情，也不值得多花一秒时间。

我们的思想单纯到只关注知识，我们关心的只有三件事：考什么、怎么考、自己为什么做对或做错。

把这三件事弄透了，分数就会来，人的自信、成就感也都会来，正能量会越来越多。然后你会发现，自己已经走出学习低谷了，学习的瓶颈在不知不觉中突破好几层了，之前纠结的东西都已经看不见了。

然后你会明白，提分这件事，真的多说无益。

高分学霸教你
如何"死去活来"学历史

✳ 佚 名

为什么说要"死去活来"学历史呢？这句话不是我的原创，这是带我复习历史的老师说的。历史学科首先要求你有很厚实的知识底子，之后你才能融会贯通，举一反三将你所打下的知识基础用在答题上并且得到高分。"死去活来"就是说的这两个阶段。

第一阶段："死去"

死去的具体意思是你要花大量的时间来背书。是的，背历史书。事实上如果得高分有捷径的话，我们干脆取消高一高二循序渐进的教学计划，让学生一进高中就开始做最后他们要做的高考卷子就行了。但是事实证明，一点一点获取知识时累积得到的学习能力才是最有价值的。我很喜欢的一个电影《成长教育》里面有一句台词：The life I want, there is no shortcut.（我要的生活没有捷径。）这说明了要想在卷子上拿漂亮的高分，你就得做好吃苦背书的准备。

历史学科有两本必修书和三本选修书。我们的任务首先是完成两本必修书的背诵，一定要掌握必修的全部内容，这是重中之重。之后再对选修的课本进行背诵，选修书的内容分别是有关政治、经济、文化的，这三个方面里也有重点和次重点。我个人在高三复习时将经济部分作为重点进行复习，不是说其他两块不重要，而是说你要根据自己的学习情况学会有所侧重。因为时间精力毕竟有限，把每部分内容都背诵下来不光意义不大而且费时费力。

具体背诵时，我们要有技巧。比如说改革，我们可以将不同时期，不同地区发生的改革总结在一起来进行背诵，总结的质量非常影响最后记忆的效果。我当时在寒假时完成的一项作业就是将具有相同特征的历史事件都总结在一起，写在A4纸上，方便以后复习。虽然总结的时候很费时费力，但是最后在复习的时候，通过快速浏览A4纸上的内容找到我不清楚的知识点这一做法省去我不少找资料的时间。在这里还要给同学们一句忠告：对时间的爱惜并不是通过你熬夜到几点进行完全无效率的复习来体现的，真正爱时间、会省时间的人都是注重细节的人。如果你平时能够养成良好的习惯去花一点儿时间整理归类你的复习资料，你就不会在老师快讲完卷子的时候才把卷子翻出来。同样，通过花时间总结也可以使你的记忆更加牢固。

其次，具体背诵的内容是什么呢？一定得是要考的内容，尤其是重点考的内容。如果你不知道要考的内容是什么，请你好好跟着老师过第一轮复习。如果在复习的时候对于考点不清楚，那么复习也是蒙头抓。你都不知道要复习什么，怎么可能复习得好？天下没有掉馅饼的事。在此我还是提醒一下学弟学妹们要重视基础的积累。历史事件的时间点很难记忆，但是只要你有心，一定可以背下来。

在1905年中国发生了很多历史事件，我们可以将他们放在一起来记忆；我到现在都记得1905年既是爱因斯坦发表论文的年份，又是中国电影的开山之作《定军山》出现的年份。为什么记得如此清楚呢？因为首先我知道为了庆祝爱因斯坦关于量子理论、布朗运动与狭义相对论的传奇论文发表一百周年，联合国大会将2005年定为世界物理年。这样往前推一百年刚好是1905年。其次，我知道有个看电影的网站叫做1905电影网，我通过搜索发现这是因为《定军山》出现于1905年。举这个例子是为了说明将具有相同时间的历史事件放在一起背诵有助于省时间，给你背诵的东西一个背景资料从而形成一个联想记忆，将有助于加固你的背诵效果。当时有一些很重要但是又很难记忆的历史事件的时间，我将他们设为自己常用的网站的密码，比如支付宝和淘宝或者银行卡密码。这样你每次使用这些软件都会进行一次时间年份的回忆，最后难背下来的年份反而变成了熟记于心的数字，而且再也不用担心使用生日做密码

会被坏人利用了，一举两得，何乐而不为呢？这样将学习融入生活的做法还有很多，只要你是一个生活的有心人，就不用担心生活会辜负你。

背诵历史事件的时间对于我们做出正确的选择题推断有很大的帮助。此外我们背诵中的重头戏还有历史事件的意义，这一部分就是为了应对大题而做的基础打造。因为是应对大题，我们在背诵的时候一定要注意分点背诵，你如果不能把每个点底下详细的部分都背下来，请你一定要把几个大的总点背下来，因为在改卷的时候老师们基本上是按点给分。所以如果你光写了一个点，就算你写得再天花乱坠也只有一个点的得分。全面背诵才能全面得分。

第二阶段："活来"

"活来"的基础一定是"死去"。如果你的基础还没打好也就是说你的课本还没有背完，请你继续进行上一阶段。完成了"死去"阶段痛苦背诵任务的同学，恭喜你们不用再死脑细胞了。我们现在要做的是让脑细胞活过来。有了大量的基础知识，我相信考卷上考记忆和基础的题已经被你秒杀了，剩下的题我们就需要综合运用基础知识、考试技巧以及经验来拿下。这一过程就是我所说的"活来"。"活来"的时候我们要学会正确地使用我们脑子里面的知识，让它们为我们得高分的最终目标做贡献。

仔细审题，注意题目中关键点与我们历史书上的知识之间的联系或映射，然后揣摩出题人的考查意图。如果你能做到这几点，那么我相信12道选择题你最少对10道。在日常复习时我们要注意提高唤醒我们脑中的特定知识点以及通过这个特定知识点发散思维的能力。这样我们在做题的时候才

能比较活，不会将一道活题做成一道死题。

在高三复习的时候要重视跟老师之间的交流，老师的建议往往是一针见血的。因为老师们经历过很多次高考，他们见过很多走了弯路的学生。所以有问题有困惑就去问老师，多多跟老师沟通将省去不少你一个人孤军奋战时的麻烦，能够让你在追求高效率的高三把自己的时间充分用在有产出、有回报的复习中。

历史的选择题是得分的重点。高三复习的时候我们每周五下午上完两节课会进行一次模拟大练。主持大练的是历史任课老师肖老师，两个半小时后她会让我们交换卷子然后听她报的选择题答案来改选择题，然后给出对方的选择题分数。经过几次大练后，我们发现只要根据选择题的得分情况就可以推断出历史科目的总分：选择题分数高的总分一定不会低，选择题得分低的就算大题答得再好总分也不会高到哪里去。举这个例子是为了说明能否拿到选择题的高分对于是否有一个高的总分几乎起着决定性的作用——得选择题者得天下。也许你会觉得以上说得过于绝对，但是就像语文作文一样，除了文采出众的那凤毛麟角的一些人会拿满分，大部分人不管之前水平如何千差万别，都可以通过训练使自己作文的得分在 52 分左右。

历史的大题也是有得分技巧的，大部分人在大题上的得分在经过高三针对性的训练后都会集中在一个区间内，无法分出段次，这个时候选择题的得分就至关重要了。更何况选择题本身的分值就接近一半，所以我建议备考的学生，尤其是弱势在历史科目的选择题上的同学一定要加强选择题这一块，多做选择题练练手感。

在学习进度上，我建议跟着老师的进度走，认真完成老师布置的背诵任务以及做

题任务。在高三下学期之前你应该完成"死去"的过程，让自己具有大概的知识框架。在高三下学期的时候再跟着老师过一轮复习进行巩固，二轮复习进行拔高，三轮复习进行最后的弱项加强以及总体优化。在复习时要注意观察和调整自己的状态。松懈时要督促自己，失败时要鼓励自己。注意自己的时间精力安排是否合理，是否花了大量时间却做了无用功，发现问题要立即反思并进行调整。高三的时候我们不怕犯错，怕的是犯错不改。

在日常作息安排上我希望同学们以身体健康为本，"身体是革命的本钱"这句老话就算被人们说烂了也是一句真理。你没有健康的身体、好的精神状态，你拿什么去高考？所以同学们在复习的时候不要一味追求时间的最大化，我们要追求的其实应该是效率的最大化。当时我的班主任在最后两个月时鼓励我们熬夜复习，我也被鼓吹得熬了夜，我复习到凌晨一点半，结果第二天起来以后整整一个早上我都听不进老师们讲的东西，因为我的大脑要在早上进行休息，以补充昨晚它欠缺的睡眠。然后我果断摒弃了熬夜这一错误做法，事实证明充足的睡眠对于大脑思维活跃的帮助是极大的，我们复习的时候就用这么一个脑子，你怎么可以亏待它呢？建议学弟学妹们在复习时不要心存杂念，认真有效率地复习，晚上到 11 点了就去睡觉，第二天 6 点再起床。有个规律健康的生物钟对于你一天的学习和心情都有很好的正面作用。最后总结就是：饭一定得吃，觉一定得睡。

说了这么多，希望学弟学妹阅读本文之后能够在复习历史方面有所收获。最后祝学弟学妹们在高考中发挥出色，金榜题名，进入理想的大学，开启人生新的征程。

当前我们遇见的每一个苦难都会过去，在生命的长河中，它显得微不足道。

我怎么度过情绪崩溃的高三

❋ 北 疏

在我的高中备考时光中，大多数高中生出现的情况我都有，甚至更复杂。

1.一直焦虑（制订的计划总会差一两项才完成）。

2.发挥不稳定，总分起伏达 70+，擅长的科目却考得最差，以及简单的数学题做错，难的不会做。

3.和好朋友冷战，我们一起吃饭但不说话，气氛极度诡异，导致我一直耿耿于怀，听不进课。

4.神经衰弱。凌晨两点都睡不着，午休更是，下午上课的时候心跳得厉害，太阳穴疼，无法集中注意力，感觉随时都有晕厥的可能，一度怀疑自己有心脏病。

好在后来这些问题我都慢慢地解决了。希望看到最后的你，可以更加平和，更加应付自如。相信我，你可以的！

1. 关于焦虑

毫无疑问，越临近高考，我们就越想完成更多任务，大幅度提高自己的成绩。

于是在一个紧迫的时间内，你会不自觉地制订超出自身能力的任务，然后陷入完不成任务，自我责怪，焦虑不已，效率低下的怪圈……你越来越焦虑，越来越低效，你开始怀疑自己是不是真的不行了。

如何打破这种僵局？

其实很简单，结合最近几次完成任务的情况，再次理性分析自身情况，删去暂时不能完成的任务。这时不必懊恼和自责，轻装上阵，你会发现自己做任务的时候更愉悦，更轻松。到了后期，你的效率自然就会提高。所以有时"少亦是多"。

2. 关于发挥不稳定

抛开身体因素来说，该问题的本质是基础知识不扎实。

因为题目数量是有限的，所以每次模拟考出的题目只是我们所学知识点的一部分。虽然有一些常考点，但基础不扎实的同学考下来就会发现每套试卷分数相差会很大。这套题目的题型和考点你已经完全掌握了，于是你考得很好；一旦考到自己不擅长或者没掌握的题型，直接凉凉。

那如何保持稳定呢？

首先就是心态要好，发挥越不稳定，越要开心！有句话是怎么说的？"乾坤未定，你我皆黑马"。未到高考之前，你所做错的每一个题都是上天给你的善意提醒。在高考之前解决它们，这不就是我们要做的事情吗？

3. 和好朋友冷战

现在想起来，当时我和好朋友都不能很好地处理与人相处这样的事情。我们经常因为一些小事情而冷战，刚开始真的是耗费心力，根本无法安心学习，总在情绪的漩涡中无法自拔。所幸后来解决了。

我们都知道这样下去是不行的，于是我们约定，有什么问题一定要告诉对方，告诉对方哪些行为让你感觉到不舒服了，哪些行为引起了你的误会。刚开始的时候我们觉得怪怪的，但是现在真的挺怀念有问题解决问题的心态。

4. 关于神经衰弱

高四的时候因为室友的一些操作（其中一个凌晨五点起，另一个夜里一点睡，于是乎我要等晚睡的室友收拾完东西才开始睡，早上又被早起的室友吵醒），导致我很长一段时间神经衰弱。其间也有和她们沟通过，她们是有些许改正，但是可能已经养成了习惯，或者说同理心没那么强，不久之后还是恢复原样，而我又不想老提这事。

这种情况该如何改善？

前期我去医院开了安眠药，但安眠药副作用很大，我吃完睡是睡好了，可第二天听课脑袋处于混沌状态，再加上医生嘱咐我不能经常吃，不然很容易形成依赖。不吃这个药就睡不着——我不敢想象自己的下半生需要依靠药物才能入睡。于是我开始尝试吃褪黑素，吃了一周左右，效果一般。到后来，我直接不再午睡，晚上睡不着就带着台灯去厕所看数学错题，持续了不知道多久，直到某一天我突然觉得好累好累，于是在课桌上趴着睡着了……

现在回想起来，还是觉得那段时光很艰难，尤其是快睡着被室友吵醒的时候。我想起前期复读生活中很多时候都因为身体原因而苦恼，同学都在进步，只有我在后退。我仍然记得那个中午的崩溃，我感觉自己实在扛不下去了，心跳得特别快，我还以为我得了什么严重的病，后来经过检查没什么大毛病，就是神经衰弱，焦虑，压力大而已。

现在我读大一了，我很难想象这些都是我以前所经历的事情，是该说我忘性大呢，还是说在一个特定阶段遇到困难会把它看得很重很重呢？我现在回忆起来都感觉不那么真实。

总之，当前我们遇见的每一个苦难都会过去，在生命的长河中，它显得微不足道。你可能会反驳我：站着说话不腰疼。可是不这样想该怎么办呢？生活还是得继续，不是吗？

中等生，不服输

我承认自己的普通，也接受自己的中庸。但还有几个月，我还是想要再多一些努力，向自己的目标前行。

✳ 邱慧伶

如果用学习成绩划分人群，两头的学霸和学渣可能寥寥无几，大多人拥挤在"中等生"的跑道。高中三年，我深知自己与清华北大无缘，也清楚只要努力，不至于很不堪。

有梦想，有规划 ●。

高中，我有点特别，是个喜欢文学的纯理科生，但换句话来说，就是文一般，理也一般，对于所有知识都是一瓶子不满，半瓶子晃荡。相比于一些物化生"发烧友"，我的理科成绩并不如意，整体稳定维持在年级前30%的水平，想提高10名简直难于上青天。

中等生也有梦想，我在书桌上随处贴着"中国传媒大学新闻学"几个大字。我用文学竞赛获奖名次投递自主招生，一度以为自己离梦想越来越近。无论校内校外，我都把重心放在语文上，想成为那匹超群的黑马。而一模成绩，给了我重击——数学100出头，生物稳稳压在及格线上。语文中规中矩，但并没有带来多大的提分效果。

班主任把我拉到办公室谈心，苦口婆心地说："自主招生可以先放放，要以高考成绩为主。你现在的成绩只能保个一本线，要想更进一步就得在理科上下功夫了，尤其是那几门理科……"我幡然醒悟，中等生没必要想在哪一科拔尖，成为佼佼者。与其在一科投入过多精力，不如"全面开花"，哪怕每科只提5分，最后也是十几分。

回到家，我在笔记本上写下明确的"作战计划"——攻克数、物、化、生。我承认自己的普通，也接受自己的中庸。但还有几个月，我还是想要再多一些努力，向自己的目标前行。

找方法，多总结 ●。

我认真分析自己的一模试卷，发现一个严重的问题——错过的题型又错了。生物遗传的题目老师前几天刚刚讲过，自认

为都懂了，没想到考试时落入同一个深坑。找到问题，后面重点就是找解决办法。

我寻求生物竞赛获奖的朋友的帮助，她分析道："理科学习最重要的是归纳总结，一套方法可以用在很多题上。你可以试试错题本，但不光是记录错题，更要挖掘里面的知识。"我似懂非懂地开始尝试，用错题总结出考题类型，进而延伸出知识点的。慢慢地，我发现这就像是物理中的串联电路，按动一个开关，一连串的小灯泡都点亮了。

作为理科生，我的记忆力不太好。虽然理科并不像文科需要大量背诵，但生物还是需要记很多零散的知识点的。我"投机取巧"，有时候会编一些小口诀。比如"原来有核"，其实是说原核生物有核糖体，遇到相关选择题，可以一秒钟找到答案。

我不聪明，就需要用更多方法和技巧来弥补缺陷。学霸能一眼记住的知识点，我可能需要付出几倍的努力来理解。但是我不着急，我会告诉自己，学懂错题本上的每道错题，用口诀多记忆一个知识点，我就已经胜利了。

敢放弃，不遗憾

中等生总要面临一个选择：要冲，还是要稳？高考时间有限，往往难以顾及所有题。我会纠结大题最后一问要不要努力搏一搏，还是全然放弃，把时间留给前面。

我在模考中"试错"，认识到自己的差距。做到最后一题，我会有些不甘心，总想着"万一能做出来，可以多十分呢"。这就如同沉没成本，越陷越深……第一分钟，我信心满满地认为自己一定可以解出答案；五分钟过去，我在草稿纸上拼命列公式，试图找到公式之间的共性，相信再有点时间就可以了；十分钟过去，没有新的进展；十五分钟过去，考试结束铃响起……

一模、二模让我认清了现实，数学最后一道大题的最后一问并非出给我的。与其去赌一种概率，不如"帅气"地放弃，踏踏实实检查基础内容。有时候，放弃也是一种智慧。丢掉10来分不属于自己的分数，找回20分本该得到的分数，两者平衡，净赚了10分。

考试如同战场，禁不住打持久战。如果眼前的敌人明显高大难打，不如旁敲侧击，换一个下手。"死磕"带来的只有失去全部，我在考试中明白"少即是多"的人生哲理。用这样的思路，我在高考时毫不犹豫放弃了最后一道大题的后两问，换来的是完整检查了前面每一道题目。最终，我数学130多分，选择和填空都是全对。

现在工作上，我如果遇到一时解决不了的问题，也会选择先放下，去处理其他事情。在一件事情上投入过多，有时候是一种无形的内耗。解决问题的办法很多，何必吊在一棵树上呢？

不内卷，做自己

每个学校都有不少"卷王"，我们班自然也不例外。有个学霸不仅聪明，还十分努力。走路学习，坐地铁学习，早起学习，熬夜还在学习。他成了班上的"标杆人物"，被各科老师夸奖。

我承认他的付出，但很明白，我和他不一样，我只想做我自己。我不喜欢熬夜，超过12点睡觉就会头脑不清，一天都迷迷糊糊。

模考前夕，我深知自己错题本还有几道没有看完，但也不想挑灯夜战，所以安心地睡下去。考试时，我发现少看的题目并没有任何影响，反正也没有考到。很庆幸，我当时理智地选择早睡，没有去为了卷而卷。

高考前流行"百词斩"打卡，老师要求所有人把打卡截图发在班群。我看到同学打卡一个比一个多，有的人甚至一天学习将近300个单词。我的内心有点小慌，心想：万一被别人比下去怎么办？我会不会已经落下了？可转念一想，语文作文中我们常写"做自己，不攀比"，现实中为何要为了卷而卷呢？所以，我放弃了数量上的竞争，转而注重质量，确保每一个背的单词都能谙熟于心。

少了攀比，我的心态发生了转变。不再过度关注每一次小考的排名，也不会随时关注别人在学什么。我就是我自己，高考是一场和自己的较量。

别埋怨，认现实

总有人说"高考是千军万马过独木桥"，作为中等生的我自然不是那匹领先的汗血宝马。还记得那年盛夏，我一个人在家紧张地等待高考成绩。鼠标点击查询按钮，网页在缓慢转动，成绩猝不及防地出现在屏幕。每科成绩都比较平均，没有发挥失常，也没有等来所谓的"惊喜"。我清楚知道，自己和"中国传媒大学新闻学"无缘了。

但是，一切也不算糟糕，我重新振作起精神，加入志愿填报的大军。最终结果还算幸运，我进入一所北京末流211的应用心理专业，之后依靠转系，实现了"新闻梦想"。

总看到网上有人抱怨说"要是能回高三，我会……"如果高考真的有后悔药，我想我也不会吃下，因为我已经尽力了，这就是现实。

如今，高考两个字已经离我越来越远，有些记忆已经模糊。但我带着高中时的拼劲儿和勇气勇往直前，现在已经成功上岸985高校的研究生。我从不奢求自己要做金字塔的顶尖，但会在能力范围内不断向前。

关于学习的
四个假象

✽李尚龙

1

在网上，你订阅了十多个专栏。但凡谁来讲课，你都买来听听。

你还买了几十本书，每本都是干货满满，据说可以令你有所提高。

你还预约了好多讲座，下载了一堆公开课。

你注册了许多学习网站，有时间就听直播，没时间你告诉自己也要听录播。

你还下载了好多 App，决心把英语搞定。

……

你为学习花费这么多，为什么还那么焦虑，学习还是没有任何改变，还是觉得自己什么都不知道？

以上是许多人在学习中常常遇到的问题，原因很简单，他们混淆了一个概念：消费等于学习。

这个时代，有太多人充满着知识焦虑，他们选择了用自己的收入去购买一部分知识，从而改变命运。但千万别忘了，消费只是第一步，消费不代表学习，学习就是学习，消费是门槛，学习才是核心。

就好像我在当老师时，一位学生和我的奇葩对话：

学生："老师，为什么报了你们的课，我还是没有考过四六级？"

我问："对啊，你觉得为什么呢？"

学生："可能是因为我没听吧。"

2

你知道世界上第二高的峰是什么。

你知道什么剧又火了。

你知道相对论是怎么回事。

你知道谁又出轨了，谁又结婚了。

你知道东知道西，可是，知道这么多怎么没用呢？

这是学习的第二个假象：认为知道等于知识。其实不是，知道就是知道，但凡不能变成实用的，变成知识晶体的，都不能算作知识。

知道了一堆，有些只是谈资，有些连谈资都不算。

我第一次去波士顿时，我姐姐在波士

顿已经两年了，她带我逛城市的著名建筑。在介绍那些景点时，她口若悬河，我却后背冒着冷汗：这些东西，我在书里都读到过，为什么见到后却全然不知呢？后来我明白，我只是知道这些知识，从未想过何处会用到它们，从来没想到这些在脑子里只是知识碎片，而不是知识晶体。

那些知道的东西，都像碎片一样占据在脑子里，只有结成晶体的，才是有用的。

知识晶体这个词，最先来自斯坦诺维奇的《超越智商》，里面讲，我们要学会把知识进行迁移、联系、总结、输出，当你发现这些信息成了块，也就完成了从信息到知识的转变。

3

再来分享第三个假象。

我们曾经进行过一个统计，听直播的同学，比听录播的同学四六级考试通过率足足高了50%。

难道直播和录播讲的内容不一样？

难道直播会多一些和老师互动的机会吗？

都不是。

再举个例子，我们身边总有一些人，十分好学，他看到别人学吉他，自己立刻去学吉他；看见别人报了课程，自己立刻也报一个；看到别人订了个专栏，自己马上跟上。

可是，他们学习的效果总是不好，为什么？

原因很简单，他们是因为恐慌而学习，并不是因为需要而学习。

这就是学习的第三大假象：主动学习比被动学习要重要得多。

看直播和看录播的同学的最大区别，在于他们是主动学习还是被动学习，直播

时，你决定不了开课时间，只能提前准备，端坐在电脑前准备上课。这样积极的状态下学习效果往往能好很多，但凡你告诉自己可以听录播，就会永远地拖延下去，直到考前。

主动学习的优势，在于有明确的目标。

比如我表达能力提高最快的时候就是当老师的那段日子，因为每天都要讲课，所以逼着我不停地读书，逼着我不停地去表达，也逼着我不停地去学习，用输出倒逼输入。我无路可退，重要的是，这种学习是主动的，而不是被动的。

所以，那些喜欢思考的人，往往学习更好。那些喜欢发问的人，往往学得更快。那些喜欢表达的人，往往学得更深。

因为，这些都是主动学习。

4

学习的最后一个误区，是关于坚持。

我写过一篇文章，《如何在一年里成为一个牛人》。其实里面的核心就是两个字：坚持。

所有的学习，都是坚持。

我从初中时开始学英语，一直到今天，已经十多年。在读军校时每天都拿半小时坚持早读，坚持对着空教室练习演讲，三年下来，我拿了北京市英语演讲比赛的季军。后来我问了许多行业中的高手，他们都是一群聪明人，却下笨功夫，死磕着每一天，坚持写作，坚持健身，坚持唱歌。

一开始，他们靠着毅力坚持，后来就习惯了坚持，也就没那么费劲了。

一开始觉得有进步，后来就变成了能力和技能，如影随形，成为身体的一部分。

坚持，是所有美好的来源，它很慢，但无比真实。

愿你学习愉快。

985 华科学姐：
作文不是玄学，语文也需努力

✻ 左玉越

　　高中时我所在的学校，以理科见长。分科时，理科班里成绩中等以上的学生几乎没有选择权，在父母和班主任的殷殷期盼下只能选理。而像我这样一个物理无数次徘徊在及格线的人也被迫上了理科这条"贼船"。与此同时，语文却一直被当成所谓的"副科"：早读课上大家基本都在背英文单词，语文课时又几乎都在笔耕不辍地刷数理化题。法不责众，语文老师也只能无奈地睁一只眼闭一只眼。在这种大环境下，热爱文学并且一本正经对待语文的我似乎成了异类。

　　早读课上，在一片英文和生物名词声中，我朗读《鲁迅杂文集》的声音是那么不和谐。每周被要求改上自习的体育课上，一群埋头写题的身影中，我练书法的淡定神色也很难被接受。被语文老师安排的校广播员工作，也因为班主任在班会课上的阴阳怪气而中途停止……愤怒过，也挣扎过，但最终我还是无奈地选择了妥协。于是我也不情愿地复制了那群学霸的生活轨迹，每天独宠着数理化生，将语文彻底打入"冷宫"。偶尔怨念浮上心头时，便自嘲一句：

没办法，谁让我人在高中呢？

　　期末考试结果出来时，理综和数学接近满分的大有人在，但语文不及格的比比皆是。那些学霸就像《最好的我们》中的余淮一样文理两极分化，虽然还是能名列前茅，但并不能取得特别高的总分，很难和一般同学拉开差距。

　　而我的物理虽然上升了十几分，但被语文下降的二十分填平了。数学和生物略有提高，总体排名并没有上升几名。我放弃了最爱的语文，每天和自己不感兴趣的数理化生纠缠，却无所收获，失落感、挫败感让我陷入了深深的难过。

　　暑假的时候，我打开念念不忘的《张爱玲文集》，那些灵动的文字让我的心再次融化，阔别良久后再遇故人的感动简直让人有种泪流满面的冲动。那一刻，我突然明白，文学就是我的生命养分啊！没有它，我虽然可以活下去，但却活得如此干瘪粗糙。但是我也深刻地意识到这是高中，没有大把的时光让我花在语文上。语文是个细水长流的科目，要想取得它和数理化生的"双

75

赢"，我必须在努力提高后者的基础上用最少的时间做到不抛弃前者。

新学期开始时，我把早读课上的前二十分钟留下来读语文课本上的经典课文，多读大家之作能够培养我们的语感，也能灵活变动给作文添素材。语文课上我也不再埋头做题，而是认真听课，并且思考老师的讲题逻辑。平时每次语文测试我都认真面对，而作文作为语文的重头戏，我自然要在这上面下功夫拉开差距。

写作文时，我注意到很多同学一拿到卷子就开始大笔一挥，有的写到一半时就痛苦万分，抓耳挠腮不知如何继续，有的确实能提前不少时间写完作文，但自己很难满意，也没有机会重新修改了。所以我就改变我写作文的习惯。拿到卷子时我会先认真审度一番，酝酿五分钟左右，确定自己的立意和体裁，如果是议论文，事先把大脑中用得上的素材罗列出来，选出最精彩的那几个，如果决定写记叙文，就简洁地写出情节大纲。一切准备好后再拿起答题卡开始动笔。磨刀不误砍柴工，这样做使我在行文时几乎不会卡顿，而且常常是越写越得心应手，到结尾时还能留出时间来个漂亮的收束。

开始时，每次写作文我都会构思很久。我不仅想要立意准，还想要有新意，以便老师阅卷时我的作文能够脱颖而出。不过多次考试证明，立意是文章的大前提，在保证立意不偏的情况下才能讲创新。

我的创新主要体现在体裁上。一直以来，高考满分作文给我们带来了很大的误区，就是主要写议论文，而且按照三大段形式，总分总，开头写些华丽的句子，中间拼凑出几条论点，然后用一些经典的素材佐证之，结尾和开头呼应，强调下重点。这种作文虽然不乏高分者，但是只是大基

数下的个别文采斐然者，而我们作为大多数中的一员，只能得个基本分。

为了让老师阅卷时不觉得审美疲劳，我尝试过日记体、回忆录、小小说、故事新编，多视角写同一事件，仿写经典文章等。事实证明，如果你语言功底不差的话，这样的文章写成后分数往往很高。不过也出过意外，比如有次市模拟考试时我想创新写小说，但是没有把握好全局，只好草草结尾。还有几次小测，我构思时间太久，到后面时间不够用，作文分数更是惨不忍睹。但是因为当时我才高二，我可以把它们都当作训练。

这样多次尝试后，到了高三，我已经可以在各种文体间自如切换了。当然，有些文章比较适合议论文，或者是题目要求限制了文体，这时候你就不要铤而走险偏离题意了。

在一个多学期的摸索下，高三时面对作文，我已经可以游刃有余了。至于前面的客观题，因为认真听课和培养起来的语感，我也能取得很高的分数。而漂亮的书写，让整张卷子更是锦上添花。高考前的几次大型模拟考让那些学霸开始留意到语文这块短板，而我在这种形势下，每次语文120分以上的优势就显现出来，成功弥补了我物理上的薄弱，带我杀进班级前三，成为别人口中的黑马。

那年高考，其实我并没有逃过物理这场浩劫，但语文的稳定发挥让我还是能上一所心仪的985大学，并如愿被临床医学八年制专业录取。希望还在高中的你也能发现语文的魅力，享受学习的过程。语文从来不是一门玄学，作文更不是临场发挥。持续地点滴积累，精准地审题立意，忘我地拓展创新，你一定会惊喜地发现，语文不会辜负每一个认真对待她的人。

面对社交软件，
你知道如何把握时间吗？

✱ 何　勤

社交软件有利有弊，你知道打开它们的正确方式是什么吗？让我们一起来看看吧！

社交软件为人们的社交提供了一个全新的平台，只要你愿意，足不出户即可交遍天下朋友，省时又省力，这迎合了人们都怕麻烦的天性。

社交软件，让我们活在"美好"里

每个人都有社交需要，在青春期，我们社交的目的主要有几个：一是在感到痛苦、遭受挫折时能得到安慰；二是希望在做某件事情时可以得到鼓励；三是我们需要有人关注自己；四是希望得到他人的认可和赞美；五是大家可以一起玩；六是可以和他人进行比较，以此来评估自己的能力和价值。

在现实世界中，由于种种原因，我们的心理需求很难得到全部满足，人与人之间有很多戒备。网络的互联性和匿名性为人们提供了更多的联结机会，无论你的兴趣多么小众，都可以找到志趣相投的人；那

些觉得自己在线下缺少社交资源的人，都可以在线上潇洒交友。

另外，人们可以通过选择上传特定的照片，如PS过的自拍照等来展示自己最好的一面。在填写在线交友资料时，人们还可以强调自己的优点，淡化或绝口不提自己的不足，以此来塑造自己的形象，加强他人对自己的印象。毫无疑问，网络给了人们更大的自由度来进行印象管理。

再者，人们在网上不仅可以主动获取自己需要的各种信息，还可以成为信息的发布者、评论员或反馈者，现实生活中很多难以宣之于口的感受，对着屏幕就可以尽情抒怀。因此，社交软件一经面世，就受到了人们的热捧。

许多年轻人觉得他们每天的生活就是在社交软件上评论人，以及被别人评论，他们每天花在晒照片、回复留言的时间就要好几个小时，要是一天没有"签到"，就觉得自己当天的日子跟没过似的，没有存在感。一旦你陷入这种被网络"绑架"的生活，就需要提醒自己：看清楚自己和眼前这个真

你要掌控网络，不要让网络左右你的生活。

实的世界。虽然在网络上很乐呵，能让你逃离现实生活，但是你的未来不是梦，你必须认真地过好每一分钟，经营好现实生活。

把握当下，正确对待社交软件

罗马神话中有一句对人生非常有益的经典总结："把握当下。"请注意这句话中的"把握"一词的分量，不是"度过"或是"完成"一天，而是"把握"一天。"把握"体现了紧迫感和目的性。那么，如何把握当下呢？

首先，请好好想想你自己的每一天是如何度过的。然后回答下面的问题：

你是否每天都生活在充实的、朝着自己的理想努力的状态之中呢？

你所做的事能给自己带来哪些益处？

你所做的事是自己计划好的还是随波逐流，任性而为的呢？

漫游网络不会为你的未来增光添彩，当你回答完以上几个问题，就会明白你是在"度过"自己的时间，还是在"把握"时间了。

其次，仔细分析一下促使自己沉迷网络的内在驱动力（以下简称"内驱力"）是什么。

你关注的如果是在社交软件上评论别人，以及被别人评论，那么你的内驱力本质上是影响力；如果是沉迷网络游戏，那么你的内驱力就是享受感官、精神的刺激和愉悦；如果是想不断获得奖励，那么你的内驱力就是为了得到认可；如果只是想在网络上畅所欲言，那么你的内驱力就是寻求理解……

对自己喜欢虚拟网络的原因琢磨得越深、越透彻，你对自己的内心世界就看得越清楚。内驱力是我们人生的动力，当你找到每个行为背后的所有内驱力之后，你需要将它们归纳整合到一张纸上，用它们做参考来指导现实生活——明白了自己要什么，生活就变得有滋有味了。

最后，你还可以把网络社交当作自己辛苦学习之后的奖励，这里重要的是设定时间限制和明确自己要做什么，比如利用一点时间去班级群浏览一下同学的谈话或者看一下自己偶像的动态等。总之，你要掌控网络，不要让网络左右你的生活。

愉快玩转社交软件攻略

在网络的大背景下，如何正确地利用社交软件，最大限度地使网络社交有益于个人，是一个值得思考的问题。

1.删繁就简。我们根据不同的需求下载相应的软件,目的就是让自己的生活和工作更加便捷高效。现在,请打开你的手机,考虑清楚某个软件能给你带来什么样的帮助,如果确实是利大于弊,那么可以保留,反之则删除。

2.多留心眼。在充满不确定因素的网络世界里,我们要时刻注意个人安全,包括生命安全和财产安全。不随意暴露个人位置,不给陌生人提供个人信息,同时也不要随意泄露他人的私人信息。

虚拟社交强迫症的治疗方法

首先,家人应该尽量让患者了解强迫症是何时发生的、患上此种症状的原因,让其认识到沉迷虚拟社交给他本人和家庭成员带来的困扰,帮助他制订一个合适的康复计划。

虚拟社交强迫症患者之所以陷入虚拟世界、脱离现实生活,实际上是因为其内心十分孤独。此时,周围人要给予其亲情、友情或爱情的关怀,使他们感觉自己并非孤立存在,让他们自己主动从虚拟情感世界中走出来,找到现实生活中属于自己的位置。

其次,患者本人应对自己有耐心、有信心,坚信自己离开网络能够活得更好。平时注意节制,改变自己所处的生活环境,尽量恢复到接触网络前的生活状态,进入社区、单位或校园提供的现实社交世界,重新融入社会。

最后,如果依靠患者本人和家庭的力量仍不足以控制病情时,还可以尝试着寻求外界的帮助。例如,向有过治疗此类疾病经验的心理医生寻求帮助,加入社会公益团体,多与几位走出虚拟社交强迫症阴影的康复者进行沟通交流。当你选择这些个人或团体时也要谨慎小心,不要误入歧途,反遭迫害。只要正视病情,积极治疗,这些个人或团体都能加速患者的康复进程。

(整理自久久健康网)

后记:

高中生每天结束学习任务后,可以利用社交软件放松身心,但不建议即刻投入网络战场,与网友大战三百回合,更应警惕虚拟社交网络陷阱。因此,在使用社交软件时,建议同学们尽量利用那些对自己有益的功能,关注能给自己带来乐趣的信息,不沉迷,不盲从,做一个真正懂得社交的青年!

从 350 分到 600 分，
我靠动力和目标成为学霸

✽ 小系学长

支撑着我进入"双一流"大学的动力，很庸俗，很善变，也很具体，可能你们有过的动力我都有过。这些动力把我从一个 350 分的学渣推进了一所中上流 985 名校。

私以为：动力和目标是不可分割的。缺少了目标的动力就像是脱了缰绳的野牛，只能四处碰壁，最后累死却得不到一点进步。

当初的我多么糟

说实话，我高一可能真没那么爱学习。我是一个差点儿上不了初中的人，通过我初三最后一年的努力，加上父母给的高昂学费，进了我们市的一中。进去就是我们全校最差的班，在最差的班里面还排倒数第二。我进了我们学校之后，并没有像大家预想的那样，立马开始逆袭。

我很颓废，玩心很大，我天天刷网购平台，用自己并不优渥的条件和别人攀比，我很自卑，我很怕不合群，高一一年我可以说没怎么学习。

我妈妈说："初中就把你放在托管班耽误了，高中一定要来陪读。"但当我们去学校旁边租房子的时候，已经没多少空房间了，我们沿着校旁的那条街一直走，走到了开发区的边缘，是一片农村，找了个顶楼，睡觉起来站直就会碰到头的那种。

我当时就想着，从零开始，我谁都不靠，就靠我自己，我就坚定一个信念，我要认真听老师讲课，并且努力完成好每一次的课堂作业。

我有了上高中以来的第一个动力和目标。

> 动力：挣回学费
> 目标：抓住课堂，完成作业

我以为，这就是我拿到好成绩的方法，

别停下，明确你的目标，六便士会有，月亮也会有的。

很可惜不是的，刚开始我就完成了作业，完成好了就去玩，多余的时间我也不知道拿去干吗了，反正是没学到什么东西，第一次考试成绩很差。但我干劲十足，这样的日子持续了很久，因为我觉得，可能是我努力的时间不够，再积累积累，成绩就会上去的。

第一个转机

终于有一天我意识到这样不行啊。我就去网上搜了一下，可能是由于我的目标太大，不好实施吧。

我看到一个方法：把我们要完成的某个目标作为一个根节点，做一个树结构，先把我们的最终目标分为几个小目标，然后再把每个小目标细分，细分至不能再小。

打个比方就是，如果我们想要把成绩提上去，那么就要考虑到语数外物化生六门科目，语数外物化生六门科目再细分，每一个科目又涉及几本不同的课本，每一本课本里面又可以细分为目录，目录翻过去，还可以细分到章节和一个个知识点。

那时候我们老师也提倡做改错本，我就打算做一个改错本，争取把每一道错过的题目全都弄懂，即使一道题目多花点时间也没关系。

这里我高中的第二个动力和目标诞生了。

> 动力：无路可走，只能试试做改错本这个方法
> 目标：弄懂每一道错题

不知是我幸运还是怎么，一晃眼两个月就过去了，我改错本做了厚厚一摞。这段时间，可以说是量变引起质变，到高一期末考试，我第一次考了班级第一。

现在我还记得那个晚上自己做了什么。我非常高兴，把我从家里带来的一套组装杠铃套装拿出来，锻炼了一会儿。越锻炼，越快乐，最后甚至吼起来了。大概是觉得自己有点东西了。

都500出头了，是不是可以再努努力，考个一本？

说起来容易，做起来难。

虽然我总分加起来500分，但是每一科，基本上都是在及格线边徘徊的，甚至语文还是没及过格。我可以很负责任地告诉你，我从初中开始，语文就没及过格。因为我压根儿就没静下心来好好学过语文呀。但是我想稳在第一，我想名副其实地稳在第一。

我打算好好学学语文，至少把语文考及格。那我就稍微规划一下，先从老师说的必不可失的诗文默写入手，一周得背会两到三首短诗。然后每周得花点时间背一背老师发的题目答案，先摸索摸索规律，然后整理一些答案挑出来做一个改错本。

这里我高中的第三个动力和目标诞生了。

动力：怕被反超第一的恐惧心理倒逼我去学习

目标：稳住第一，过一本线

很幸运，坚持了一段时间后，我的语文第一次达到94分，那一次我总分也随之进步了很多，依稀记得是达到了540分

左右，没错，我可以过一本线了。

听说过600分才是学霸，我能不能当个学霸呢？

考完试后，我不知道听谁说了一句："能考到600分才是真正的学霸。"

听到这句话，我心里那股骄傲的劲儿其实瞬间就削弱了一半。然后我立马就跑到了教学楼侧面的高分榜上去看了一眼，第一名是650分左右，虽然没有单科的分数，但我还是被惊到了。

一直在一个教室里待着，一点点的进步就被同学们夸上天，说实话真的很容易沉迷，然后裹足不前，浪费趁热打铁的最好时机。

我就发誓了，以后每考完一次试，不管是月考还是周考，我一定要来这个高分榜记下我的校排名和全校第一名的分数。

我高中以来的第四个动力和目标诞生了。

动力：非常想当个学霸，和别人的差距让我清醒

目标：上600分

从550—600分的这个过程中，我经历了很多次起伏，也经过了很头疼的瓶颈期。三个月的努力，一分不增，甚至有时候还会考得更低。

那段时间真的非常暴躁，经常和我妈妈闹矛盾，我也经常晚上不吃晚饭，感觉一离开我的书、我的课本、我的题目，我就会异常不安，我会感觉别人要超过我了。

我每次都着急忙慌地跑回教室，摸着课本，坐在位置上，低下头看着课本，我就有一种莫名的心安，即使不学习。

走了很多弯路，但是我一直没放弃，因为我觉得，至少我还在学，还在摸索，时间还够，我不能放弃。

在高二下学期的期末考试中，我已经可以达到 598 分，就差一点儿就可以摸到 600 的分数了。

然后到了高三，在高二升高三的暑假，我并没有去补课，我在家一直玩电脑。这个暑假，我在家可以说是一点儿都没学。但开学考试时，我考了人生第一个 610 分，在考试成绩出来后，班主任当着全班的面表扬我，我想，也许，我也是个学霸了吧？

不知道为什么，过了这个暑假后我学习越来越"轻飘飘"了，我晚餐也自己出去吃，同学们都在教室里面争分夺秒地学习，我非得出去吃个晚餐，放松一下，才回去学习。也许一直学习，一直刷题，并不能保证你一直进步，而"劳逸结合"这个词，在那之后，我确实是认识到了。

从那以后我的学习方法改变了很多。我的刷题量越来越少了，刷题频率越来越低了。到后来我变得越来越"懒"。如果说以前我做题的思路是笔在脑子之前，在高三之后我做题的思路就是脑子在笔之前。

我会在平时练习的时候，花一个小时去思考一道题目，把一道题目抽丝剥茧。我不会再把我进步的希望放在死刷题，刷死题上面。从那以后，我学习比高二更轻松了。总结一下秘诀就是：更精细化，更注重思维和心态上的锻炼。

如果要问我高三学习的动力是什么。其实我的动力真的非常简单：能把自己学的东西讲给别人听，能把自己学的东西应用于生活。

比如英语，我学习英语，是为了以后能考个口译证书，以后带女朋友出国旅游，我当她的贴身翻译。比如化学，我学习化学，是为了以后当个化学家，研究出来某个无机催化剂，申请一个专利。

写在最后 ○

存在即合理，学习即有用。

关于动力：自己去找，外驱动也好，内驱动也罢。如果你现在真的觉得自己撑不下去了。再送你一句话：学习的目的，就是有一天能够不学习。

这话是我从一个老师的演讲里听来的，他的原话是："教书的目的，就是有一天能够不教书。"

不过到了大学，到了现在，我愈发觉得，吾生而有涯，学也无涯。现在这个时代变化太快，我不敢不学习，我不敢停止，很多事情我还做不了，很多东西我依然理解不了，很多成绩我无法企及。

我想告诉大家的是，学习不是一时的，你考试的方法，你握笔的姿势，你心态的培养，都不是为了高三这一次考试，你学的所有东西都会在未来某个时刻，帮你发现生活中的糖，而那些糖，可能就藏在你现在做的一道题上。

所以，别停下，明确你的目标，六便士会有，月亮也会有的。

我和化学斗争的那三年

✱青 玄

我从小就是一个不擅长学理的孩子。小学的时候，平时上课不听讲的同学数学考满分，我晚上十点还被揪着补四则运算；初中的时候，别人一听就会的几何问题，我得晚上来回翻课本知识点才能勉强搞清楚。我在父母亲戚"女孩学不好理科"的呼声中长大。上了高中之后，不知是出于"优等生一定学物化"的情结，还是出于心中那份不甘，我在高一的时候毅然决然地选择了化学。从此，我和化学的斗争就拉开了序幕。

高一高二，各科老师都在争分夺秒地赶着新课，今天学这明天学那，学习理科能力本就不强的我被化学死死地踩在脚下。在对答如流的同学中间，连"氧化还原反应"基本概念都听不懂的我显得格格不入。别人一节课就能完成的作业对钩打满，我两节课蒙完的题目错号乱飞。每天的化学课上，我只能眼睁睁看着面前的PPT来回滚动，听着耳边不断重复的化学术语无能为力。我想靠牺牲玩乐和睡眠时间夺回自己被化学打击得所剩无几的尊严，我见过晚上十一点钟半明半暗的夜空，遇过放学后教室外迷人的灯火，淋过去补习班路上的瓢泼大雨，却只能在昏黄的灯光下，从化学书的字里行间苦思冥想出这样三个字：学不会。

很快，我在与化学不断拉扯的过程中迎来了令人谈之色变的高三生活。经过高三第一学期的努力，我的化学成绩从60分出头提高到了70分左右，这样的成绩，离我心中的目标仍隔着山与海的距离。寒假——整个高中最后一个长假——成为我翻盘的唯一机会。网课期间，钉钉上布置的作业铺天盖地袭来，模拟卷上，各类题型早已驻扎好营地：化学常识题千变万化、绝不重样；常用计量题在计算与单位之间不停挖坑；工艺流程题中各种素未谋面的原料与虚实箭头交错令人眼花缭乱……我没有"挥剑决浮云，诸侯尽西来"的豪气，只能手握一支秃笔，在一张张草稿纸上不停演算，在一个个对话框里询问难以理解高中三年最优的排名、最高的化学成绩最终以最简单不过的数字出现在高考成绩单上——我知道，这是渐行渐远的高中时光赠给我的最好的成人礼。

的问题，在无数个夜晚挑灯夜战，又在无数个清晨爬起来背诵密密麻麻的化学知识点。我第一次深刻体会到鲁迅先生"翻翻书就当休息"的内涵，挤出时间看看政治语文课本成为我为数不多的快乐时光。

当寒假开学，看着教室里黑压压补作业的身影，听着耳边叽叽喳喳聊电视剧的声音。我承认心中有一股莫名飘飘然的情绪和自豪感——逆风翻盘就在眼前！

然而，一周后的一模考试，化学却朝我身上泼了一盆冷水。

当我自信满满地迈出考场，自信满满地回教室对答案时，化学卷子上打出的一个又一个错号却让我难以招架——10个单选错7个，40分的选择题只得了10分——从未有这样差的成绩。我的大脑一片空白，整个世界都天旋地转起来。

化学课讲解试卷时，我甚至抱有一丝答案给错的侥幸，然而老师每道题都讲解得思路清晰、逻辑严密，让人无法反驳。下课后，我面对着"满目疮痍"的化学试卷，回忆着老师的讲解过程陷入沉思：化学常识题虽千变万化，却脱离不开课本知识；化工流程题原材料复杂，却总和常见金属非金属联系；原电池和电解池的区分课本上有详细解释……我一步一步地反思做题步骤，发现每一步都与高一高二基本知识点紧密相连。高一高二跟不上的基础新课终于在高三狠狠地打了我的脸，我决心从基础抓起，但看着日历上每天翻页的倒计时，连呼吸都变得压抑起来。

我知道自己已经没有时间沉浸在消极情绪中，为了学好化学，我挤出一切时间：白天课间同学打闹时，我为了一个基本概念不断翻找课本和练习册；晚上即使作业重得几乎可以压垮肩膀，我也要每天多带一本化学书睡前翻阅……教学楼熄灯后，石阶小路上的霓虹灯火与夜空中的繁星交融在一起形成别样颜色，点亮了草丛里的星星，也点亮了我的眼睛。一阵微风拂过，夹杂着万物复苏的生机和奋斗的希望，似乎把肩上的担子也吹轻了一些，陪伴着我一路小跑回到宿舍。

随着化学试卷上的选择题得分越来越高，我越来越看重二模的成绩——是的，我需要一次证明自己的机会，证明自己不比别人差，证明我也可以把化学学好！

但那时的我忘记了一句话：越是追逐结果，越是事与愿违。

当二模成绩单发到家长群，首先映入眼帘的班上前五已经找不到我的名字。我用颤抖的手指，顺着姓名一个个查下去，眼睁睁看着以前不如我的人跑在前面——班上第10，历史新低，原本占优势的数学政治直线下滑，拼尽全力得到的化学成绩依然不尽如人意。祸不单行，一模没有考到全班第一的我丧失了评选市级三好学生的资格。恍惚之际，我瘫坐在床上——我不知道自己错哪了，我也不想分析自己错哪了，我把自己关在小小的卧室里，仰在床上沉沉睡过去，任凭眼泪无力地流出眼眶，梦里隐约听见父母的谈话"佳佳的化学太占时间了""都补三年了"……

从那天起，再晴的天空似乎都笼罩了一层阴霾，每天依旧是不变的作息、相同的两点一线，但一切都和以往不一样了。大脑变得一片空白，装不进去一点东西，练习册上多变的几何图形、表格上飞舞的弧线都令我丧失探索欲望。我开始上课走神、下课睡觉，心空空的仿佛不再跳动，对二模后接连退步的定时练成绩也无动于衷。努力变得毫无意义，躺平才是不二法门。

班主任发现了我的异样，她把我叫到办公室，陪着我分析二模和定时练的成绩，耐心地告诉我"瓶颈期"的应对方法。她的温言细语渐渐融化了我麻木的心——可

我是多么害怕再一次失败啊。我鼓起勇气问道："老师，如果我高考还是失败了呢？"班主任似乎又说了许多，有一句话我至今记忆犹新：努力了不一定成功，但一定不会后悔，对于结果，那就是"得之我幸，失之我命"。

"得之我幸，失之我命"，多么简略而沉重的八个字啊！原本密不透风的心房好像打开了一扇窗，窗外又是晚上放学后的橘黄灯火、繁花绿叶中的莺歌燕舞，一阵微风拂过，夹杂着栀子花的清香，沁人心脾。

我感叹自己十八岁才明白如何正视成败得失，我把老师的话写下来，贴在书桌上，每每开始在意努力后的结果时，我都会在心里默念老师的教诲。时隔多日，我翻出二模和历次定时练卷子逐题分析：二模数学难度不按套路出牌令我心态崩盘；做政治时心浮气躁不读题，求快不求对……

是啊，高三翻盘的渴望、数次失败的不甘、比不过他人的烦恼时时刻刻都侵蚀着我的心灵堤坝，它们催促我拼尽全力奋起直追，又让我临近大考时被轻而易举地击垮，我深吸一口气，再次收拾好行囊，把一切杂念丢在脑后，思考着接下来的路——距离高考只有30天了。

时间飞速流逝着，随着高考的逼近，紧张而浮躁的氛围越来越弥漫开来，我不敢走神漏掉一个知识点，生怕它会成为高考卷上的一分。我不再盲目追求做题的速度和数量，老师布置的每道题我都认真分析步骤思路，提炼出没有掌握的知识点，记录在本子上作为晨读背诵内容。我练习册上的标记越来越多，跑老师办公室越来越频繁，我总是不由自主地仰头望向黑板

上的电子表计算时间——5分钟可以背一个知识点，10分钟可以下楼跑两圈，20分钟可以刷15道政治题，30分钟可以跑两个办公室……

高三治好了我的拖延症，清晨起床不再懒懒散散，路上骑车与骄阳赛跑，只为晨读多读5分钟；下课不顾旁人眼光跑着去卫生间和办公室，只为挤出时间多钻研一会化学题……即使习题难度数量把我压得喘不过气，我也从未低头；即使错题量不见减少，我也依然坚持到最后。

在高中最后一程赛道上，我一刻不停地奔跑着。在2022年那个初夏，我把汗水洒在学校每个角落——我想跑赢时间，跑赢高考，跑赢化学。然而直到考前一天，有些大题依旧令我无从下手；实验步骤仍然被我背得错漏百出。我的练习册还是满满红叉，我的分数从未达到理想水平……

可我不后悔。

当我走进高考考场，看着桌上早已放置好的草稿纸，心里默默安排着每道题的做题时间。铃声打响，化学试卷被递到手中——我面对着它，它也面对着我，在肃穆的考场上，我们都沉默不语。

我会心一笑，没有即将脱离它的迫切，没有渴望战胜它的兴奋，有的只是波拂寒潭般难得的平静。

"嘿，老朋友，要说再见了。"

我不知道我是怎么做完这份试卷的，90分钟后，我恭敬地递上试卷，像送别一位远去的朋友。

16天后的下午，我独自一人在家坐立难安——马上就要查成绩了！胸口像压着一块石头般令我难以呼吸，前两天不断刷新的"高考失利怎么办"之类的问题不断在脑海穿梭。我不停地深呼吸，手指颤颤巍巍地输下最后一个验证码——一排数字闪入我的眼眶。

我不敢相信这是我的成绩，我不敢直视化学框下的数字，一遍遍核对着姓名和考号，一遍遍看着我的总分和排名——那一瞬间，我听不见窗外的蝉鸣，看不清周围的世界，一股热流直冲大脑，泪水如决堤的河流涌出眼眶。我把手机扔到一边，趴在桌子上任泪水沾湿衣裳——三年的压抑、不甘、愤慨、绝望在这一刻烟消云散。高中三年最优的排名、最高的化学成绩最终以最简单不过的数字出现在高考成绩单上——我知道，这是渐行渐远的高中时光赠给我的最好的成人礼。

高中三年，我曾迷茫地透过教室窗户望向天上的繁星，也逼过自己回归书山题海继续搏击；我曾抱着挚友把泪水洒在走廊的角落，也曾在周末和朋友探讨习题忘记回家；我曾和同学并肩在天台望向灰蒙蒙的天空，也曾结伴穿过人群跑向食堂只为省出一点复习时间；我曾被父母质疑连一本也考不上，也曾在桌子上默默写下自己的梦想……

而现在，我已经是辽宁大学一位准大一学生了，我知道这对很多人不是最好的选择，但对我来说，足矣。

朋友，我也曾和你一样迷茫无助。但请相信：每日的朝阳都孕育着希望，每夜的星空都指引着方向。但行好事，莫问前程。走好每一步，每一步都算数。

静下心来，找准方向，持续努力，一切都来得及。

725分清华学霸震撼演讲：
你可曾为学习拼尽全力？

✳ 佚 名

网上曾有过这样一个提问：你为什么这么努力？

有人答：因为我不想迫于生活而丢掉生命里的各种喜好；不想迫于价格而必须放弃喜欢的商品；不想迫于金钱而无力赡养老去的父母。

1. 我们为什么要上好大学

我在高一的时候有这样一个困惑：为什么一定要走求学这条路？

我的答案是：求学这条路是我们通向成功的捷径。一流大学会给你全面的专业知识，会教你快速学习新知识的方法，会给你一个广阔观察世界的视角。所以，你在学习上耗费再多精力也不过分。

现在好多同学可能心里没有什么概念，但是不同大学之间的差距，我们必须心里有数。名牌大学的学风、师资力量、科研经费，是一般的重点大学没有办法媲美的。所以，我希望大家都把自己的目标定得高一点。

不要怀疑自己的能力，当你从骨子里认定你是清华的水平，在自己的行动上就会处处表现出准清华的素质。

2. 永远不要说你已经尽力了

有的同学觉得自己已经很努力了，可就是没有办法把成绩再提高一点。他自己安慰自己"我已经尽力了"。

我个人觉得，当你还有力气说出"我已经尽力了"的时候，你根本就没有尽到力。清华的校训"自强不息"给我的影响非常大。当你觉得自己已经尽力的时候，往往再坚持一下，就会突破自己的极限，唤醒自己的潜力。

之前网上流行一句话，"别老说别人比你有天赋，以你的努力程度，还远远没有达到需要拼天赋的地步"。所以在这里，我希望同学们一定要努力再努力，永远不要说自己已经尽力了。

什么叫成功？人们死活不相信你能做到的事情，你做到了，这就叫成功。

人生若没有一段想起来就热泪盈眶的奋斗史，那这一生就白活了。

3. 保持竞争状态，给自己找点压力

我虽然考上了清华，但是等大学报到之后才发现，更残酷的竞争才刚刚开始。

班里成绩最好的那个男孩，每天都早早起来，嗷嗷背英语。跟身边这群牛人待久了我才意识到，最可怕的不是你的竞争对手比你聪明，而是人家既比你聪明，还比你努力！所以，咱又有啥资本不努力呢？

在这里，我给各位一个建议：

比如说给自己规定，一个星期之内必须做 500 道题，考试不得 140 分以上就算自己不及格，等等。大家不要觉得这些很过分。如果各位真的发誓要考上一流的大学，我觉得这是我们必须要做到的。

4. 怎么学好高中的课程

我在高中时最不喜欢政治、历史和地理，觉得我一辈子也用不上。但是，学校为什么要让我们学习一辈子都可能用不到的东西呢？

我当时弄不明白，相信在座的好多人也不明白吧。我们现在学习的知识可能以后永远都用不到，但是你在学习各种不同的科目时总结的各种各样的学习方法、思维视角都会伴随你一生。在你遇到新问题的时候，你可以利用以前的经验，很快总结出解决新问题的方法。

所以，千万不要偏科，任何科目对你都是至关重要的，还有题海战术，绝对是学好高中课程的好方法。比如我高三时英语的短文改错总做不好，于是一个周末，我连续做了 50 篇改错，之后的英语考试短文改错几乎没有错过。大家可能觉得大学生就很少做题了，我不知道其他大学的情况，但我可以毫不夸张地说，我在清华每年做的题肯定比我高三的时候做的多。

现在同学们一定会说，想题海战很容易啊，但是哪有时间啊？

5. 怎样挤时间

首先，我个人觉得在座各位的走路速度太慢。

大家如果到了清华可以看到，所有的学生要么骑车，要么走路都是小跑。我们没有必要把时间浪费在这些没有意义的事情上。你很快从校门走进教室就可以比别人多看一会书，多做一道题。时间久了，日积月累，你就会在时间上占有绝对的优势。

其次，我们的课间十分钟也非常宝贵。

这一点我到了高三下学期才意识到，充分利用课间十分钟，我们一天可以挤出将近两个小时，可以比别人多做一套题。

再就是我们最好别看电视玩手机了。

不管你是否真的智商超群，如果我们把太多的精力用在那些与自己前途无关的事情上，就是对自己最大的不负责任。有的同学可能会说：你说得很对，但是我们很难让自己坚持下去，最多三分钟热血，之后就不想再努力了。好的，我们下面就讨论怎样让自己的血一直热下去。

6. 想明白这点，你可以一直热血下去

总有学弟学妹问："既然上了大学也不一定能找到工作，那干吗还要拼了命考大学？早点进入社会磨炼多好。"

没错，上了大学也可能找不到工作。这说明了什么呢？大学没用吗？

错！这只能说明：你高中不好好学，考了个不入流的大学！然后大学又不好好学，整天混日子！

人生不是短跑，而是一场漫长的马拉松。马拉松上没有什么抢跑一说，因为根本没什么用，前半段过度消耗体力，反而会影响后面发挥。

我上小学的时候，班里那个第一名到了初中就跟不上节奏了，原来成绩平平的同学反而赶了上来；后来到了高中，初中时的第一名又跟不上节奏了，其他同学又慢慢赶了上来……谁都没办法一劳永逸，要想赶在前面就得不断努力才行；另一方面，只要你想努力，什么时候都不晚，说不定哪次考试你就"超车"了。

再好的大学，你不好好学习也会变成渣子；再差的大学，你努努力也能找到体面工作。

7. 不要抱怨老师不好

当我们某一科的成绩不理想的时候，不要抱怨我们的老师。

我可以毫不夸张地说，咱们的老师都是非常不错的，至少都是非常负责、敬业的。

当你总是抱怨客观条件的时候，成功也就离你越来越远了。即使是清华的老师，也未必有高中老师的细致和耐心。清华学生很厉害，这与自身的努力是分不开的。

有一次上微机原理课，老师说："今天回去用 Protel 把课上的电路模拟一下。"

同学们都说："我们这辈子第一次听说这个软件。"老师说："这是电子工程人员必备的软件。"转身就走了。

没办法，我们回去在图书馆熬了 3 天，终于把这个软件学会了。

一次数学课，老师让我们回去用MATLAB 画一个三维的图形。同学们都说没学过——这好像是数学系的一门必修课。

老师只说了一句："没学过？回去学呀！"我们又在图书馆耗了好几天，基本弄明白了。

所以，当你觉得有哪一科学得不太好，一定不要埋怨客观条件，自己的努力才是成功的基石。人生若没有一段想起来就热泪盈眶的奋斗史，那这一生就白活了。

珍惜中学生活的每分每秒，希望在高考结束的那一刻，当你们盖上笔盖时，都有英雄将宝剑归鞘时的豪情万丈。

到现在我还怀念
和你最后一次吹晚风

高三的夜里，
每个人都会变成光

✳ 十七落渝

前阵子，某音有一个很火的短视频，在大学的课间趴在桌子上睡了一觉，再睁眼就回到了高三的晚自习。

我没有在看完之后点个赞就划走，我看着视频里乱糟糟的教室和摞得高到挡住视线的书本，还有天花板上飞快转动的电风扇，黑板上方挂着的国旗和左右对称的"尊师重教，诚实守纪"。闭上眼，好像又回到了那个夏天。

1

高中那会儿我是班长，成绩常常第一，坐在守着讲台的第一排，偶尔会被老师抽走卷子，当作例题给大家讲解。我身边挨着的是班上的学习委员，他不算聪明，但踏实又努力，始终稳稳当当地进步着。偶尔也会在第一考场挨着我坐，在两场考试的间隙和我互相提醒对方容易做错的知识点，和谐又上进。

我从来没把学习当作什么难事，学习于我而言始终顺风顺水，没什么逆水行舟，正常地划桨，正常地顺流而上。

身边的同学成绩再差也跌不出本科线，我们都一步一个脚印地稳步前进，安稳而踏实地走向那场"人生中最重要的考试"。但在距离高考还有三十天的时候，班上突然转来了一位复读生。

我是先知道这件事的，那时候我去办公室搬卷子，恰好他就在办公室里。班主任介绍说他是从艺体班过来的，是个美术生，去年美术联考跻身全省前一百，但文化课只考了二百七十不到，连艺术类本科线都够不上。今年美术联考照常发挥出色，但文化课成绩还是低得离谱，如果过不了本科线，他还要再复读一年。

所以艺体班的老师拜托我们班主任将他领到我们班，他实在不能再耽误了，复读生拖的都是心态，如果今年再考不上本科，明年的他是不是还能这样出色地完成美术联考？如果一年又一年下去，他会不会蹉跎到二十几岁，然后被迫成为某一所专科学校的大专生？

可他明明考过全省联考前一百名的好成绩。

2

我带着他去班里落座，路上他低着头，小声对我说："麻烦你了。"我对美术生没什么概念，随口问了一句："如果你文化课考到四百分，那你能上一本吗？"

那个男生叹了口气："211都行，但我怎么考得了四百分啊。"

我没想到他的美术成绩竟然能加分到这个地步，于是试探着问了一句："和你美术成绩差不多的同学，现在都在哪上学呢？"

他想了想，然后报了几所双一流和重点本科的名字，还有一些美院，不过我对那些美院没什么概念，只能从他语气的向往中，明白那些学校拥有怎样的厚度。

不过艺体班的程度我是知道的，偶尔从那里路过，里面那些穿着背心短裤的体育生简直能掀翻房顶。我以为那些人能代表大部分的艺体生了，于是带着这点偏见去打量他："那他们是怎么考那么好的啊，环境不是都一样吗？"

眼前这个安静又斯文的男生，抿了抿嘴唇回答我："他们去找一对一和教学机构，那……太贵了，本来美术就已经很费钱了，我……"他没再说下去，低下头沉默了。

那一刻，我觉得他不能待在班主任给他安排的那个位置。守着教室的后门单坐，没有人会拉他一把的，老师们也不会费力去辅导他，还有三十天就高考了。

"你愿意坐在讲台旁边吗？"我斟酌着字句，"就是那个'左护法'的位置，坐在后面你可能……不会有什么进步。但坐在那里，虽然可能会有点吃粉笔灰，但你有什么问题我都可以帮你的。"

于是坐在第一排的我多了一个前桌，抬起头时不再能看到落满粉笔灰的讲台，而是那个男孩瘦弱又倔强的背影。他永远低着头不停地写着记着，桌上的书慢慢摞得比我还高，有节自习课那摞摇摇欲坠的书终于向前倒去，散落了一地，还吓了老师一跳。

▽ **3**

班里的节奏对于他而言还是太快了，我们都已经习惯从容地面对高考，只有他在手忙脚乱地奋笔疾书。老师讲的题对于他来说实在太难，他根本听不懂，可是简单的题老师又不会讲，因为班里根本没有

人不会做。他只好在晚自习的时候转过身，又怕打扰到我，就轻轻敲敲我的桌子，很拘谨地问能不能问我一道题。

我从来没见过这样的人，看着我的眼神里好像有什么仰慕的光，然后小心翼翼地把那些简单到让我觉得想笑的基础题推到我面前，问我能不能给他讲一讲。

这样的感觉太过新鲜，我甚至不知道该怎么去对他说"你看看书上的例题就会懂的，这实在太简单了"。但我知道我不能那样说，那和让他自己坐在后排有什么区别？于是我只好耐下心，回溯了一下初中数学的内容，一点一点揣着给他讲了一道基础题。

他认真听着，一边在草稿纸上演算，一边提出一些幼稚的问题。我回答着，却看着他好像眼眶红了，然后很快落下一滴泪来。他像是孤独得太久了，突然被人拉了一把，从狂风暴雨中走进了一个烧着火炉的小房子，四处都是温暖的颜色。

我一时有点说不下去，又不知道该怎么说出安慰的话来。我第一次觉得班长和第一名这个身份这么烫手，我怎么说都不是，难道要让我对他说"没关系的，其实这些很简单，你多做做就会了"吗？

他说对不起，又慌乱着说了谢谢，打算落荒而逃，这个时候我终于发出声音。我说没关系，我拉住他："你多问问我，我帮你，一定可以的。"

他点头，嘴里还是不断说着谢谢，然后转头回去继续写着算着。最终我看到这个倔强的背影突然趴了下去，他脑袋埋进臂弯里，轻轻地发着抖。

我这才知道，这场"人生中最重要的考试"，原来在很多人心里，占了如此沉重的分量。

它牵一发而动全身，一根脆弱的独木

桥上，承载着多少人的未来。

而桥下是暗流湍急的河，万一失足掉了下去，又将被卷入怎样的深渊呢。

我们心照不宣地没再提那晚的事，他不愿意占用我白天的时间，怕耽误了我的复习。于是每一个晚自习的铃声打响时，他都会从他那摞高高的书卷里拿出白天不会做的题，轻轻地推到我面前，认真地听我讲。

他也搬进了我们班的男生宿舍，我偶尔和班上的男生聊两句，他们都说他很努力，夜里一两点大家都睡下的时候，只有他的床位还亮着光。他又怕打扰到大家休息，会拿枕巾包住手电筒，把翻书和写字的声音放到最轻。

▼
4

距离高考还有十五天的时候，我要来他的政治课本帮他画重点。他的书都是应届时候的，翻得边角都有点破烂。我无意窥探他留下的印记，却在某一页看到了他写的两句话，那两句话随着新添的笔记变得旧了，许是他刚复读的时候写上去的：

当众人齐集河畔，高声歌唱生活，
我定会孤独返回空无一人的山峦。

我心里狠狠一颤，抬头又去看他瘦弱而倔强的背影，其实他进步很大了，二模的时候考了三百五十分，成绩下来的时候，他就差抱着我哭一场。

他是不是没想过自己还能过艺术类本科线？如果这一次又落榜，又复读，在往日那些朋友考上理想大学的欢呼声中，他又要一个人低着头回到这里，沉默地琢磨着怎么也想不通的基础题。

他已经开朗不少了，偶尔还会和我闲聊，此刻转过头想问我英语的定语从句，然后看见我对着那两句话发呆。

我反应过来，笑着问他："你也喜欢看海子的诗？"

他也怔了一会儿，点头："喜欢，我看过好多遍。"

瘦弱而倔强的少年，美术天赋异禀，求知欲如同熊熊燃烧的火，善良感性，喜欢读诗。

我看着他："你相信吗，这是你最后一次复读，你一定能考个好大学。"

他果真没有辜负我那番话，高考他考了四百零三分，虽然对于非艺术考生来说并不高，但对于学美术的他而言，足以支撑他考上一所理想的大学。

不过我却因病发挥失常了，我读的学校甚至没有他好。志愿下来的时候他先打电话问我，我平静地告诉他我考上了哪所学校，然后很快听到他在电话那头哭。在最黑暗的高三，也不曾见他这样哭过，而现在他在为我惋惜，恨不得能和我换换，让我去读那所重点本科，他来替我读这所名不见经传的学校。

他哭着，然后含糊不清地对我说："你知道吗，你改变了我的一生啊，我觉得你就像一束光一样，如果没有你我都不敢想象怎么度过那三十天……还有以后的日子，我都不敢想，谢谢你，真的很感谢你……"

通知书下来的时候，他在朋友圈发了一段话，是海子的《跳伞塔》：

已经有人
开始照耀我
在那偏僻拥挤的小月台上
你像星星照耀我的路程
……

我很替他高兴，于是我评论他："你要感谢自己，你才是照耀自己路程的光。"

——我会替每一个人高兴。

因为在高三的夜里，每个人都会变成光。

跑，拼命跑

✱ 玉　清

1

佳丽转学了，来跟老师同学们告别。

我们送她到大门口，看着她上了她老爸的奔驰。她摇下了车窗，跟我们挥着手，说："我会来看你们的！"

她的眼睛在人群里找来找去，我知道她在找陈莹。

车子迟迟没有启动，我想是不是应该跑过去告诉她：快走吧，陈莹没有来。但我没有动，我沉默地望着那辆黑色的车子。

车子开始滑行，加速，佳丽的眼里除了离别的伤感，还有些许失落。她也许不明白陈莹为什么不来送她，全班同学几乎都来了，她却没有来，而在班里，陈莹、佳丽、我——豆豆，我们三个平时是最要好的朋友。

我明白。

回到教室，陈莹坐在她的座位上，在看一本物理书，在几个学科中，物理是她的弱项。

我走到她跟前，小声问："你怎么不去送佳丽？"

"我为什么要去送她！"陈莹恶狠狠地回了我一句。

我默然走开。

上午放学，走出教室时陈莹追上我，说："走，去小遥，我请你吃饭。"

"好哇。"我说，跟着她走。

我知道陈莹会请我吃饭的，因为她有话要说。她现在需要一个听众，要是我不去听她说，她会憋出毛病来。

我们来到学校对面的小遥餐厅，说是餐厅其实就是个小吃店，只有一家三口在经营，夫妇俩加上他们的女儿，那女儿跟我们差不多大，名字叫小遥，小店就以她的名字命名。

小遥是个长得很清秀的瘦女孩，白净得像个纸人，看上半身很好的，但因为小时候得过小儿麻痹症，瘸了腿，下半身没法看。初中毕业后她没有读高中，跟着父母在这里开了小吃店。小遥的职责是收银，她爸负责厨房，她妈负责跑堂。

小遥整日坐在柜台里，平静的脸上看不出有什么，她似乎对自己的状况很满意。

我们有时对小遥的生活有一种虚幻的羡慕，她不用上学，不用奔什么前途，活得无忧无虑，一点压力也没有——这也是一种人生境界呀。

我们坐在最靠里边的角落。菜上来了，我们沉默地吃，小遥远远地安静地望着我们。

有时候佳丽也和我们在一起吃饭，我说过在班里我们三个是好朋友，佳丽请客的时候多，因为她家有钱。但陈莹一直看不起佳丽，因为她的学习不如我们好。

从高一时，我们三个的成绩就一直在班里处于这样的状况：陈莹占据着第一或第二的位置，只有男生高路远能跟她争。我在第三名或第四名上，只有男生李奇能跟我争。而佳丽则永远处于十名上下，她最好的成绩是有一次得了第九名，可到下一次她又跌在第十三名上。

佳丽是追着我们做朋友的，她不断地讨好陈莹，节日里和我们生日的时候，佳丽会送我们很好的礼物，平时则是请我们来小遥吃饭。小遥是我们的根据地，我们班的男女生食堂吃烦了想换口味时都来小遥。陈莹心情不好的时候，佳丽连请客都会被拒绝，陈莹会偷偷地拉我来小遥，把佳丽甩掉。

陈莹用通红的眼睛盯着我的脸，漂亮的嘴角紧紧地绷着，突然之间爆发出声音："这不公平！"

我不吭声，望着陈莹。

"这不公平！"陈莹重复说。

我仍是一言不发。我知道这是陈莹今天最想说的话，她这话所指的是佳丽的转学。

佳丽这一次不是普通意义上的转学，她是往外省转，并且不是因为转入地的学校教学水平比我们这里的高，而是因为转入地的高考录取分数线比我们这里低，低很多，去年低了100分！

这也就是说，在一年后的高考中，即使佳丽考得比我们低上100分，她仍能与我们上一样好的学校。

是的，这不公平。但我对此只有表示沉默，我并没有高尚或是大度到替佳丽高兴，或是为她祝贺。这世界上有着太多太多的不公平，我也没有必要像陈莹那样心理失衡不能自已，我要学会默默地接受。

"她凭什么！她的成绩一向烂糟，想进前十都难，可在将来的高考中，她就能把我们远远地甩在后面。这不公平！"

陈莹嗓音尖厉地叫起来，她的眼里泛出了亮晶晶的泪光。

我说："陈莹你记不记得，有一次我们三个在一起，佳丽说将来要与我们俩一起考进北京的学校，你当时嗤之以鼻，我也觉得她的话不切实际。原来佳丽不是痴人说梦，她家早就为她安排好了。现在，她已经在向这个目标起跑了。"

"可我们不是在一个起跑线上！"

2

陈莹手托着腮，眉毛聚在一处拧成个疙瘩，显然是在做着深刻的思虑。

她的面前展开一张纸，纸上写道：

语文 数学 外语 综合
150 150 150 300

这是我们将来高考的科目和每一科的分数。

我知道她在想什么。

"豆豆，"陈莹说，"我要在高考的时候，超过她100分！"

"这不可能！"我说。

"可能的，只要努力！"

"不可能，佳丽也不是笨蛋，她也在努力。她和你的差距没有那么大。"

"我就是要和她拉大这个差距。你看，

我只要语数外每科比她多 20 分，综合比她多 40 分，加起来就是 100 分！这不是不可能。"

"可是，这太难了呀，比如数学，佳丽如果考 100 分，你就得考 120 分，佳丽考 130 分，你就得考满分。佳丽也许能考 130 分，但你绝不可能考满分！"

"豆豆！你别长他人的志气好不好？就凭佳丽，她能考 130 分？哼！"

我细想了想，说："也许你说的也不是没有一点可能，可这要付出太大的努力啊！"

"我拼啦！"

"努力是没有错的，不过也没有必要非要超过别人多少分吧？"

"我就是要争这口气。豆豆，你也来吧，咱们一块儿努力，到时候都超过她！来，咱们制订一个学习计划。"

陈莹的计划是把每天的学习时间延长两小时。

我们本来已经把自己身上的时间做了最大限度的分配，在校时间由老师掌握，离校之后我们除了吃饭睡觉，也全花在了学习上，每天晚上我们都是要到十二点钟才就寝。

现在按照陈莹的计划，每天延长两小时，我们就要到凌晨两点才能上床了。

陈莹给这个计划取了个名称，叫做"26 小时行动"，含义是要把一天当作 26 小时来使用。

深夜十二点，我刚刚做完了一套习题，打个呵欠，揉揉眼睛，正犹豫下一步是睡觉还是真的执行陈莹的计划，电话铃声响了，是陈莹。

"豆豆，是我，你别偷懒啊，不许睡觉！"

我说："好的，我再做一套习题。"

夜里一点，电话又响了："豆豆，你没睡吧？坚持！"

"没有，我精神着呢！"

夜里两点，电话又来了："豆豆，怎么样？"

"我刚刚做完一套模拟题。"

"好样的，豆豆，现在睡觉。"

我洗也没洗就上了床，头一贴上枕头就进入了梦乡。

在梦里，我和陈莹还有佳丽身处一个集中营，我们在一次越狱中裹在人群里大逃亡，我们在漫无边际的旷野上奔跑着，我们知道只要稍一松劲一切就都完了，我们只能拼命跑。

忽然不知怎的，佳丽跑到了前面，陈莹和我便在后面拼命地追。

3

第二天早上，我像平常一样六点钟起了床，算一算，这天夜里我才睡了四个小时。

"26 小时行动"我坚持了两个星期。每天晚上十二点，电话铃声准时响起，督促我打起精神；夜里一点，还要来一次电话查哨；到了两点，再来电话，互道晚安。

可这不可能长久，从睡眠中抢出两个小时实际等于掩耳盗铃，很轻易地我这延长两小时就流于形式了，我坚持着不上床，可是趴在桌子上睡着了。

最后我是以感冒一场打三天点滴收场的，事倍功半。

我非常惭愧地跟陈莹提出我想回到正常的生活，十二点上床睡觉，虽然其实这也不正常，但我还能坚持得住。

陈莹叹了口气，望着我已经瘦下两圈的小脸，只得同意。她夜里十二点不再给我打电话，但她把电话打到了高路远家。

她放弃了我却又抓住了高路远，这没办法，她需要一个人与她一起互相打气。

高路远当然比我更适合做陈莹的搭档，他不但意志比我坚强，也比我更有爱心，他觉得他有责任不使陈莹感到孤单。

不可思议的是，他们竟然真的坚持下来了，一个月，两个月，也确实，他们的月考成绩在上升，与别人拉开更大的距离。

这两个钢铁做成的人呀。

两个人除了收获学习，还收获了别的，我从他们的眼睛里看出来，他们在看对方时与看别人的眼神不一样了，那眼神带上了战友的情谊，还有比战友更多的温柔。

尤其是高路远，这家伙原本炯炯有神的眼睛变得魂不守舍，总像是在痴迷着什么。

不过也许他是累的。即使是钢铁做成的也禁不住严重磨损。

有一天课间操，我身上不舒服没有去操场，从厕所直接回到教室，却发现高路远也没有去上操，他趴在桌子上小睡呢。

我上前一拍他后脑勺："起来起来，不去上操在这儿装病啊。"

高路远一副苦大仇深的样子："豆豆，快别声张，你放我一马吧，我是实在睁不开眼睛了呀。"

我说："活该，这才是一个愿打一个愿挨！"

高路远深深地叹口气："唉，豆豆，你能不能劝劝陈莹，让她放弃这项拼命的行动，我担心这会把身体拖垮的。"

我说："那你怎么不劝她？"

"我？我试过，可我刚说出半句就被她骂了回来，她骂我没有男子汉气概，连女生都不如，还骂我成不了大事，说她对我彻底失望！"

我说："你最怕的是这最后一句吧？陈莹啊，就她那脾气，没人能劝得了她。"

4

期中考试，陈莹和高路远的总分遥遥领先，比我这个第三名多了几十分。开过家长会，我妈妈回到家里脸色就很不好，那上面写满了对我的责备。

爸爸为我开脱："咱们豆豆成绩并没有下降，她还是第三名，人家陈莹一向比豆豆成绩好，这没有什么不正常。"

"怎么没有不正常？"妈妈说，"人家这第二名比豆豆的第三名高了40分呢！可豆豆的第三名只比第四名高了1.5分。你还好意思说什么陈莹一向比豆豆好，上幼儿园时我们豆豆明显比陈莹聪明，豆豆会算17加18等于35的时候，那个陈莹连6加9都算不来，她还把'女'字读成'吕'，把'卵'字读成'暖'，她妈妈还为此发愁呢。还专门向我请教过怎样对孩子早期教育！

"可后来呢？可后来呢？人家陈莹学起了钢琴，谁不知道学钢琴能提高智力？你可倒好，让咱们孩子去学什么画画，画画画画画，画出什么来啦？什么也没画出来，白学了，一点用都没有。

"可结果呢？人家陈莹自从考过钢琴四级以后，学习就比咱们豆豆好了，从那以后就一直压着豆豆，人家第一咱们第二，人家第二了，咱们变成第三！现在，现在，又差了几十分哇！"

妈妈就像在美国国会大厅里演讲一样，辩词激愤而又歇斯底里，爸爸抵挡不住她的机枪扫射，不敢接战，只敢小声地自言自语："豆豆当时爱好美术，不爱好音乐，顺着她的兴趣培养有什么错？这也是书上说的呢。"

妈妈更加怒不可遏："什么爱好？什么爱好？一个幼儿园的小孩子知道什么是爱

好？还不是家长指哪里就是哪里？你那时候之所以让孩子学画画不学钢琴，是为了省钱！谁不知道一架钢琴要八千元，买一个画夹子只要二十元！可就你这小气鬼耽误了孩子的一生啊！？"

爸的脸色灰得让人可怜，但还是向我笑着，解释道："豆豆，你别听你妈瞎扯，其实现在的学习根本不关小时候的事。"

我说："我知道，佳丽弹坏了三架钢琴，可她的成绩从未进过前八。"

妈妈的火力立即转向我的头上："没出息！你为什么不跟好的比？"

这样的话题在我和爸妈之间每年都要进行一两次，每一次都是以我妈对我的成绩不满为导火索。

期中考试之后，学校召开了一次毕业班动员大会，八个毕业班五百多个学生坐在学校礼堂里听校长训了三个小时的话，在时间比金子还宝贵的日子里，校长肯占用我们这么长的时间，可见这是一次十分重要的动员会。

校长在会上表扬了陈莹和高路远，他俩这次考试，一个是全年级第一，一个是全年级第二，而我这个班级第三名在全年级只排在第十九名，可见他俩的成绩确实是上升很大的。校长也许是知道了他们夜里延时学习的"26小时行动"，不仅表扬了他们的成绩，也表扬了他们的学习精神，并号召全体学生向他们学习；但校长也许拿不准他们的延时行动是否能够推广，因此表扬他们的学习精神时语焉不详，没有详细介绍陈莹的"26小时行动"。

动员大会之后我们感到了山雨欲来般的紧张，除了陈莹更加意气风发，别的人都被巨大的压力搞得灰头土脸。有一个女生说她每天做梦都梦见自己站在一个直入云霄的雪山脚下，小心翼翼，害怕只要咳嗽一声就会引发灭顶的雪崩。

现在回忆起来，高三那年是多么让人不堪回首啊，那种不惜耗尽自己的全部精神和躯体拼命学习的紧张强度让多少学生处在几乎崩溃的边缘！好多人都紧张得过了头，有一阵子我们班住读生里有一个女生每夜梦游，夜深人静的时候她身穿白色的睡衣悄然走出宿舍，飘忽忽直奔教室而去。

第二天早晨，这个女生总是嘟囔她又做了一夜的梦，梦见她做习题或者是背外语，累死了。

直到有一天，她不知怎么梦游到教室里却回不去，就趴桌子上睡着了，到了早晨被我们发现，她的梦游行为才大白于天下。

此事一出，邻班的另一个女生梦游的事也被发现了，这两个梦游者还都是去教室，她俩肯定在路上相遇过。

设想一下，那是多么恐怖的一幕呀，在深夜的楼道里，伸手不见五指，两个穿着雪白睡衣的影子飘忽而至，无声无息，女鬼一样，擦肩而过时互不理睬，要是当时她们中有一个醒来看见对方，准会吓得瘫倒在地。

这两个女生的梦游在好多天里成为我们的话题，让人哭笑不得的是竟有同学找梦游的女生问她在梦游中的学习过程有没有实际效果，说是如果真的有效，那他也来梦游。那样的话又能学习又能睡眠，两不误，梦游倒成了一件好事，甚至可以作为经验向全国的高三学生推广。

5

出乎意料的事情发生了，元旦前的一

次月考，陈莹考了第四。

高路远第一，但只比我高了18分，我还是第三名。

第二名被男生冯小乐拿下了，陈莹比我还少了1分。

因为我比她多考1分，陈莹三天没有理我，我追着她说话，她只对我翻白眼。

但她没有不理高路远，而是在没人的地方抱着高路远的胳膊哭了一场。她有点蒙了，不知道自己这是怎么回事，怎么会在这次月考中失手。

但高路远明白，她是累得过度了。

元旦我和高路远陪着陈莹去医院打点滴，我肯用宝贵的元旦假期来陪陈莹上医院，这让她很感动，于是原谅了我比她多考1分的过错。

也不知医生为陈莹配的什么药水，反正挺管用，陈莹打了一天之后精神就明显好转，苍白瘦弱的脸蛋上泛出了红润，说话也有了力气。

第二天借打点滴时没事干，我们试图讨论一下陈莹这次月考失利的原因。

我和高路远的本意是想劝劝陈莹别再拼命，但陈莹却与我们激烈地争执起来，因为她不承认她是累得过度了才没考好。

她认为是她考前的头天晚上没有睡好觉，不知为什么那天夜里两点做完了功课，给高路远打完了电话，上床之后她却迟迟不能入睡，而以往她总是累得立刻就能睡着的。第二天考试时她有些精神恍惚，答题过程中有好几处看走了眼，丢掉了她本该轻易拿到的分数。

陈莹认为只要她考前能睡一个好觉，这次月考的第一名还会是她的。

她直望着我的脸说："豆豆，你这次虽然比我多考了一分，但我其实只要有一处

没有看走眼，你就不可能比我分高！"

我点头："对对。"

高路远说："陈莹，我觉得你还是因为用功过度，身体太虚弱，才精神恍惚的。你每天只睡那么少的觉，怎么受得了？你不能这样下去了，会垮掉的。"

"住嘴！"陈莹说，"你还不是跟我一样，也睡那么少的觉，你为什么能行？还是拿了第一！"

高路远咽了口唾沫，似乎有话要说，可说出来的话却有点言不由衷："我身体比你棒啊。"

事后高路远跟我讲，其实他早已坚持不住了，也像我当初那样偷工减料，每天夜里只要顶不住了他就上床，把电话搬到床头，陈莹打电话来他就接，放下电话他就睡。但他怕陈莹怪罪他，一直不敢对她说实话，陈莹蒙在鼓里，还以为高路远天天都跟她并肩战斗呢。

元旦之后陈莹一如既往地坚持着"26小时行动"，高路远怕陈莹怪罪只是表面上假意应付。

高路远也有几次想劝说陈莹放弃"26小时行动"，但每次都被陈莹喝止。高路远是很怕陈莹的，这个又优秀又漂亮的女孩子对他有着非同一般的威慑力，在她面前，他除了敢骗她，别的什么也不敢。

下一次月考，陈莹夺回了第一。这次她在考试的头天晚上做了充足的休息，早早就上了床。但她其实休息得并不好，因为她躺下却睡不着，情急之下偷吃了两片妈妈的安定。

高路远却出了点闪失，他最拿手的数学，竟然有两道题空白了，丢了十几分，结果以跟陈莹五分之差屈居第二。但我看出有点可疑，就把高路远拉到没人处逼问，他

果然招出实情：那两道数学题是他故意空着的，他怕自己这次要是还拿第一会给陈莹造成更大的压力，怕她接下来会更拼命。

我的眼里一热，天哪，这个人居然为陈莹做出这样的事情，真让我感动。这一份无私的呵护，要是让陈莹知道了，她得多么幸福啊。可惜陈莹不知道，她真的以为自己比高路远考得好呢，还埋怨高路远这些日子努力不够。

寒假前，高路远还为陈莹做出另外一件一般人绝做不到的事情：他把省级三好学生名额让给了陈莹。

大家都知道，在高考的时候，省级三好学生是要加分的，而且是加 20 分。大家更知道，在高考中，20 分是能改变一个人的命运的。

我们班只有一个省级三好学生的名额，只有两个人够条件，高路远和陈莹。论条件，高路远比陈莹硬实得多，他是班长，还有好多别的优点，这个名额理应属于高路远，而且学校也是这个决定。但班主任找高路远谈话时，高路远却说把名额让给陈莹。

学校决定的人选不是想让就能让的，高路远做出了很大的努力，几乎跟学校扯破了脸皮，才把名额让给了陈莹。而陈莹并不知道这个过程，当她意外地得到了这个三好学生名额时，她高兴坏了，在此之前她也知道这个名额是非高路远莫属。

高路远跟我讲了他为什么要这样做：他知道了陈莹在心里憋着的要在高考时超过佳丽 100 分的目标，他并不赞成陈莹这个有欠大度的想法，但他心疼她！

他知道这是个很难实现的目标，他把三好生名额让给陈莹，让她能够得到 20 分的加分，也好减轻一点她的压力。

陈莹有了这 20 分的加分，信心倍增，精神十足，意气风发。但她的身体状况却在直线下降，一米七三的个子瘦得却只有九十斤，脸色苍白得已经露不出甜蜜的微笑，每一次笑都好像很凄楚。

▽ 6

距高考还有 30 天！

所有的人都焦头烂额，再也顾不得别人。

陈莹有三天没有上学了，听说她在家里大把大把地吃药片，病情究竟怎样，连我也不知道。我想打电话问一问她，却拿起电话又放下。这些天我和陈莹越来越难以沟通，有时候我主动跟她说话，她却往地上吐口水，只差没吐我脸上了。我的成绩已上升到第一，而她已经是全班的最后一名，比"小提琴"还差。

最意外的事情发生了。晚上，我正要就寝，电话响了，我一接，是陈莹，我还挺高兴的呢，没想到她主动给我打电话。我刚要问她病怎么样了、能不能上学，她却没等我开口，只说了一句："别偷懒啊，不许睡觉！"就把电话挂上了。

她说话的语速很快，没容我反应过来。

让我更意外的是夜里一点，电话又响了，还是一句话："你没睡吧？坚持！"挂掉了。

而夜里两点，电话又来了："现在可以睡觉了！"

我迷迷糊糊地在梦里被她吵醒了两次，心里想：陈莹发什么神经啊，高路远前段时间也跟佳丽一样转学走了，没人需要她用电话监督了，她怎么还把电话错打到了我家？

我困得很，没有细想这事。

第二天早上到校，班里已经乱得炸了锅，原来昨天夜里陈莹竟然给班里几乎所有的同学都打了相同的电话，吵得好多同学都没有睡好觉。只有少数几个陈莹不知道电话的同学没有受到骚扰。

早上大家见面一说夜里的事，发现陈莹居然是挨个给大家打电话，气氛立刻乱了，有愤怒声讨的，有骂她神经的，有感到好玩发笑的，有叫嚷没睡好觉头疼的，却谁也说不出陈莹究竟想干什么。

只有我知道这是陈莹从前每天夜里对高路远打电话说的三句话，我隐隐地有些担心。

又到了夜里，陈莹的电话又打来了。早上同学们一碰面，知道她又是打给了所有的人：

"别偷懒啊，不许睡觉！"

"你没睡吧？坚持！"

"现在可以睡觉了！"

而且在接下来的几天里每天如此，就在那三个时间点里，夜里十二点，一点，两点，仍然是那三句话，吵得所有人不得安宁，真是哭笑不得。

终于有人忍无可忍反映到了班主任那里，接下来这件事就闹得有点大了，在离高考还有二十多天的日子里，这也确实是一件非同小可的事。由学校与陈莹的家长做了交涉，也许是她本来就病情很重了，也许是这一交涉刺激了陈莹，结果是我们知道她入院了，精神病医院。

天哪，陈莹竟然成了一个精神病患者，这让我们的心情非常沉重，但谁也顾不得多想，高考的日子都已经压到脑门上了。

我都没有给陈莹的妈妈打一个电话问问她的病情。

几天之后却接到高路远打来的电话，他说听他妈妈说陈莹好像得了精神病，他问我这是不是真的。

我怔了怔，怕影响他的情绪，就说："不，不是的，陈莹只是神经性头痛住院治疗。不久就会好的，你放心。"

高路远在电话那边松了一口气，又跟我说了两句闲话，挂掉了。

放下电话，我叹息一声："唉，陈莹啊，你究竟该怨谁呢？"

距高考还有 18 天。

7

高考了！

我们像踩着棉花一样走进了考场。

坐到座位上，我忽然头脑里一片空白，好像什么也记不得了，书本、习题，脑子里什么东西也没有了，就是一片空荡荡。我急得出了一身汗，什么都记不得了，这还考什么呀！

隐隐约约，好像听到铃声从天边拉响，监考老师在讲台上以一种好像不很真实的声音宣读着考场纪律。好在我脑袋里的电路慢慢地接通，终于思维恢复了正常。

答题开始了，教室里一片像蚕吃桑叶的唰唰的声音。

我问题不大，卷面上几乎都是我见过的题，不用动脑子分析解题，只是一个从记忆中打捞的过程。我一边像乌龟赛跑似的一步一步努力往前爬，一边在想，这个从小到大一直是我心目中最高目标的高考，原来却很没意思，这不是一个智慧的赛场，这只是一个记忆的工厂兼打捞车间。

第一场考试进行到一半时，外面发生了骚乱，院子里传来凄厉的尖叫声和混乱的厮斗声，持续了十几分钟。我们听到了声音，不知道发生了什么事情，当时也不敢想它，连听也不敢听，只是尽量收回心神用在答题上。事后有的同学竟说根本没听见。

上午考完，家长都在外面接着呢。见到妈妈，我先说了我考得不错，没出现失误，我要是说我曾经头脑里出现过空白，妈妈即使是后怕也得跌坐在地上。

妈妈放下心来了，我们打了出租车回家。路上，妈妈告诉我，陈莹在考试中途跑到学校来了，非要闯进考场去考试，叫喊着"谁也不能剥夺我考大学的权利"，好几个保安都拦不住，最后是把她捆了起来送走的。

我心里一疼，说："她不是在精神病医院里吗，怎么来了考场？"

妈妈说："她是跑出来的，她记得这个高考的日子，就想方设法从精神病医院里跑了出来。"

一个月后，我们每个人都有了结果。我如愿考上了北京的一所大学，虽不是北大清华，也是一所名牌大学，实现了我妈妈的理想。我妈妈当然满意而高兴，但我爸比我妈还高兴，他犯下的在我小时候没有让我学钢琴的这个错误，在连续反省了十年后，终于可以归入历史档案了。

我们班后来居上的冯小乐考上了复旦大学。

高路远考上了清华。他考了 631 分，以这样的成绩，他就是在我们这里也一样能考上清华。这个结果更让我认为，他当初没必要转学。

佳丽没有考好，才 520 分，比我少了 80 分，但她也上了跟我一样好的学校，也考到北京了，她的转学还是起到了巨大的作用。

我总分比佳丽高出了 80 分。要是按照陈莹过去的成绩，她一向比我好，她要不是把自己拼垮了，只要发挥正常，她的成绩真的能比佳丽高出 100 分的。

唉，陈莹啊！

临开学，我跟着陈莹妈妈去看了一次陈莹，她还在医院里。

由于高考时冲击考场那一次的刺激，陈莹的病症加重了，她已经从相对自由些的轻症病房转到了限制自由的重症病房。

我们过了两道铁门，才进了重症病区，在一个狭小的空荡荡的接见室里，等来了由看护陪同的陈莹。

陈莹胖了许多，白了许多，却不显得强壮，仍是很虚弱的样子。她目光呆滞，还能认得人，虽然不说话，但能看出她知道我是豆豆，只是她情感淡漠，对我毫不理睬，对她妈妈也没有亲近的表情。

她妈妈歉意地小声对我说："药物作用，你别怪她。"

我怎么会怪她？我只想哭。

因为事先医生有嘱咐，要少说刺激她的话，我只是嘱咐她安心养病，等她病好了，我们去野餐，去放风筝。

陈莹始终一言不发，后来时间到了，看护要带她走，她十分听看护的话，看护对她说了声："行了，走吧。"

她就站起身，不看妈妈，也不看我，眼睛盯着正前方，自己说了声："起步——走！"

然后迈着挺标准的正步走出了接见室。

我和陈莹妈妈的眼泪忽地就流了出来。

▽ **8**

我来到北京，来读我的大学。

我知道高路远和佳丽也都在北京读他们的大学，可我一次也没有与他们联系过。

我们从未见过面。

因为我见了他们，就会想起陈莹。

我会受不了的。

2019届全体高三都有，解散！

✻ 吴亚骏

1

蔡小雄校长谈起这次毕业时曾说：真正的离别，没有什么"长亭古道"，也没有什么"劝君更尽一杯酒"，而是在一个寻常不过的清晨，有人留在了昨天。

我就在你们的昨天。在与你们朝夕相处三年之后，写下最后的话。

6月5日那天，在办公室里收拾复习资料——它们在昨天还显得那样有意义——但自你们离开后，突然就失去了全部的存在感。以后我再翻开它们，看到的可能不是知识点，而是那些你们仍在眼前的一天天。

此时此刻，最后一门考试结束，真愿你们合上笔帽的那一刻，有勇士收剑回鞘的骄傲。这骄傲不是胜负也无关输赢，而是你坚持到底，依旧相信。

2

时间的奇奥在于它虽然一直处于变化中，但又有很多美妙的节点，会一再重现。我又去翻看了十一年前的今天，自己在QQ空间写下的矫情话语。

那时我所面临的，是和你们一模一样的心情。所以这一刻，大概是我们最近的距离。

高考的意义是什么，后来我也一直在回忆——如果当时那道历史题，我没有涂对于绝大多数考生来说，他们美好的高中时代随着铃声谢幕，告别就将成为接下去一段时光里的关键词。和自己的高中时代告别，和恩师挚友告别……

实际上，对于和他们朝夕相处3年的老师们来说，这也是一场让人异常感怀的告别。虽然这样的情绪汹涌，可能每3年就要来一次，但每一次都是刻骨铭心的。

杭州高级中学钱江校区的语文老师吴亚骏，在2019年的高考季里送走了自己的第一批"弟子"。"3年师生情是我终生难忘的。一想到要跟同学们告别，仿佛有千言万语，但又不想在面对大家时表现得过于伤感，所以决定用信的形式来表达。"吴亚骏说，这封信是自己在英语高考结束后匆匆完成的。

错选项，未来会不会就不一样？

后来我慢慢意识到，往后的时间里我遇到的那些人，经历的那些事，恰恰证明了高考错的每一道题都刚刚好。

我当然知道你们考得好，但是鼓励的姿态得预先留下来。因为我太懂你们——考完之后无论对了多少，纠结的永远是错了的那几道。

这样以后，我才能分享更多的心情。

▽3▽

同样的教室，6月13日就又坐满了人。但不会再是你们了。

你们离开那天早晨，早读课，我问班主任陈老师是不是舍不得？她看了我一眼，没有说话，晚上十一点钟，她又发来微信：怪你问了这一句，一天都没过好！

眼下我看着微信群里，你们和老师们惜别的画面，觉得格外美妙。高考完之后，你们每一个人都会有不同的心情，但是时间往后，能够定格住的，不是开心、喜悦和如释重负，而是一想到那些时光，就觉得再来一次，多好。

三年来，即便你可能无时无刻不在巴望着赶紧离开，这一刻因为梦想实现，也许觉得格外欣喜，但终有一天，所有的情绪都会沉淀下来。就如同三年来，老师们也无时无刻不巴望着把你们好好送走，但走到这一刻，背后都是情绪汹涌，复杂难言——这在他们的职业生涯里不是唯一一次，但吊诡的是，每一次情绪浓淡都会一模一样。

我们比你们，沉淀得更快一点。

▽4▽

我这么自信你们终会喜欢这段岁月的理由足够充分——在最单纯的时光里，人们都曾真心以待。

我见过你们的父母行色匆匆路过校园，或是晴天或是雨日，脸上或是欣慰或是焦灼，或是欢喜或是忧虑。这些都是面对未来最好的情绪。以后，你们要好好珍惜。

我见过你们的老师深夜备课，晨起上班，自己的孩子托人照料，却把时间陪伴在你们的七点、你们的十八点以及你们的二十二点。996近来被人吵得火热，而这些7107，你们以后要好好回忆。

我见过你们自己的笑容、泪水、愤怒、忧伤、叛逆、温柔……它们一同让我知道，我的青春已经过去，我的青春永远不会过去。

以后，也请你们要好好青春。

5

说起青春，这次高考语文考试结束后，有同学提前交卷，面对媒体采访时说："我们杭高人没有难的试卷。"

腾讯把它放到了新闻首页上。

我反复地看过这段视频，最后它让我觉得欢喜——因为像极了你们的样子，嬉笑怒骂，都是文章。

即便有些狂傲，但如果失去了这份傲气，不仅不算懂青春，甚至就未曾青春过。

这是遗憾的。

每一个不曾起舞的日子，都是对青春的辜负。成绩和去处，在拉长的时间轴上来看，会渐渐被人遗忘。而当时自己的模样，

会是一生永远的坐标。人生不会被几个分数定义，但人生却会因为你的热情而有意义。

我已经忘记了我高中的很多次考试的成绩与名次，但我仍记得高考前夕去看奥运火炬传递，遇到几个知心的朋友，以及后面那个恣意张扬的清凉夏天。

有人告诉我：我喜欢你们的学校，喜欢你们的学生，喜欢这种青春狂！

我喜欢那段视频的原因在于，霸气的话语背后，并非无理性的姿态："我们没有觉得难的试卷""我数学不好，你们不会提前看到我""多二十分钟真的没有意义，我们要在有限的时间里做最好的自己"……

你还能多少次见到比这个更好、更有责任感、更有力量的青春？

往后依旧要这样理直气壮地做自己。人生也许需要妥协，说话也许需要权衡，未来也没有那么一帆风顺。但是，有"价值的妥协"，肯定不是在该坚持自己的时候没有坚持自己。

你们是杭高的百廿一代，以后要好好保重自己，去续写七万人共同的荣光。理想主义在这个时代依然有光芒，我希望你们能怼天怼地，恣意张扬，但先让自己有力量。

一直以来，我未要求你们尊敬我，但我一直希望你们相信我。我想你们应该懂了。没有一个人是完美的，人生就是一个在不完美中追求完美的过程。既然我和你们一样参加过高考，我能比你们多点什么呢？

我所相信的那些美好，我们应该可以一起去追求——一起看书，一起思考，一起表达，我一直希望我们一同续写这所百

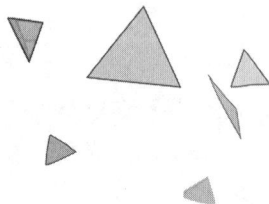

廿名校的青春故事。

写到这里的三分钟前，有一个朋友发来那段"我们杭高人没有难题"的视频截图，并竖起大拇指。

他是在夸你们的样子。

不是夸"没有难题"，而是在夸"我们相信没有难题"啊。

6

高考是你们人生第一次面对"未知"，但其实，人的一生，也不会有太多次"未知"。人生这个看似宏大的命题，大多数时候都是庸庸碌碌，平平凡凡。

能经历高考，本身就是一种骄傲。

2008年高考之后，我充了个QQ黄钻，升级成QQ音乐贵族，每天换空间皮肤，配音乐，发表伤感矫情的文字。其中有两个皮肤的主题，至今仍在我的记忆里。

它们叫"清凉一夏"和"悠长假期"。

2019年的夏天，是我记忆里最为清凉的。到目前为止，几乎没有热过，很羡慕它是属于你们的"清凉一夏"和"悠长假期"。

你们明天没有语文课了，你们以后都没有语文课了。

接下来，就好好享受，把这段时光过成属于自己的"此生不换"。那些还没有来得及说的话，趁早去说吧；还没有来得及做的事，赶紧去做；如果还有遗憾，尽力弥补。矫情或造作，都没有关系。

只是，下一个夏天，希望你们记得有一群还算不赖的人，陪伴你们度过了人生最宝贵的三年时光。

7

中学时代结束了。

以后的"四十分钟"单位时间里，你不会再像此时此刻一样有神一般的效率；一篇800字的文章，不会再像现在这样专注去写；词汇量什么的，反正有道翻译可以帮你搞定；淘宝购物不需要你用代数去证明，立体几何也帮不了你买房买车……唐宗宋祖、对立统一、季风洋流、氧化还原、双螺旋结构、重力加速度都不如眼下有意义。

但你要记得你们从哪里来，要到哪里去。

以后我们的关系会变得更加奇妙。当时光拉长，我们还可能从"师生"变为"同事"。虽然我的儿子可能不会与你们的儿子一起上小学，但我或许会有二胎。我们还有可能作为孙子的家长一起参加家长会。

谁知道呢？

那时相见，你一定会感慨缘分的奇妙。

而缘分早就埋下来了。

8

以后想起这三年，你会不会觉得往后的时光都是一场梦，你只是在语文课上睡了一觉，当下课铃声响起，你就会醒过来，背上书包回家，晚上还有一篇吴老师布置的作文要写？

蔡小雄校长说，这个问题的答案，要以后的你们来回答。

而现在，他说：

2019届高三全体都有，

解散。

夹在
32 号书里的
便签

> 在高三这场长跑里，我不断对抗自己的惰性，考验自己的耐力，挑战自己的韧劲，终于，我坚持到了最后。

✽ 何　安

▽1

课间去楼梯间活动片刻后，我匆忙回到座位上，急切地翻看桌上标注了"32"的公共用书。

不出所料，我在书里发现了一张便签。

上面写着隽秀整齐的钢笔字，内容都是些日常琐事。但我很认真地看完，然后郑重地把它放进了铅笔盒里。

我拿出一张印有向日葵图案的便签，正准备提笔写回信时，上课铃响了起来。同学们匆忙回到座位，脸上都隐约带着笑意，毕竟每周一节的阅读课，是紧张的高三里少有的能放松一下神经的时候。

为了方便管理和节约资源，阅读课的所有图书都被学校编了号码。这批课外书哪里需要哪里搬，几个班级共用一批课外书。上阅读课前，班里会派人去办公室搬书，然后按照学号下发给同学们。

所以我和高三年级所有学号是32的同学用着同一本书。

我看着便签上的花朵发呆，思绪飘到高三第一次上阅读课那天。

彼时我刚经历了入学摸底考试，班里中等偏后的名次让我陷入迷茫，看不见前路和希望让我焦虑不安，各种负面情绪包裹着我。

那个周五的阅读课上，我看着班长发到桌上的32号书，心里忽然一阵烦躁。我皱着眉头翻了几下这本在我看来有些不切实际的心灵鸡汤，然后就准备把它塞到桌洞里。

或许是我动作太大，或许是冥冥之中注定，一张小小的便签从书里飘了出来。

绿色的、边缘画着几节竹叶的便签，上面是黑色墨水写的几行字：

已经没有人相信我可以考上了，难道我也要不相信自己吗？不！我要做自己最忠实的鼓励者和最诚恳的拥护者。

因为太过用力，我的手微微颤抖着，便签也被我捏得变了形。我长久地盯着那几行字，直到眼角湿润。

我小心翼翼地把便签放进铅笔盒里，又反复斟酌，然后将另一张便签夹进公共用书里。

我想给这位不知姓名的同学一点力量，也给自己一点力量。于是我绞尽脑汁，最后写下：

坚其志，苦其心，劳其力，事无大小，必有所成。——曾国藩

似乎还不够，我又写了大大的"加油"，还在下面画了几节竹子。

从那天起，我和另一个学号是 32 的同学之间有了隐秘的交流。对我来说，每周五的阅读课，除了是高三少有的放松时刻，也是我和"32"进行交流的媒介。"32"喜欢分享生活里的小事，我偏爱摘抄喜欢的文字。

我不知道"32"是哪个班的哪位同学，也不知道其他共用这本书的同学有没有看到我们留在书里的便签。

我只知道，我从那位素未谋面的朋友身上获得了无限的能量。

从看到"32"的那张便签开始，我努力地调整自己，迈出了在高三这条跑道上的第一步，也开始坚信自己可以成为自己最忠实的鼓励者。

▽2

高三这场马拉松，无疑是对我们综合素质的全面考验。第一轮复习时，我感到自己的基础不牢，于是对照每一科的课本从基础知识点学起。

没多久我就尝到了寸步难行的苦涩，很多知识点明明是最基础的，对我来说却很陌生。我把心底的苦涩咽下，把"32"的便签拿出来，激励自己咬牙坚持。

从金黄的九月到飘雪的十一月，我把古诗词、文言文背了无数遍，把数学函数解析式求解了无数次，把英语优秀范文背了无数篇，把物理运动轨迹、受力分析画了无数回，把生物遗传概率题算了无数道，把化学反应方程式记了无数条……终于，在第一场雪落下的那天，我告别了第一轮课本复习阶段。

那天正好是周五，阅读课上，我开心地将一张早已写好的便签夹进书里，上面是我想要和"32"分享的我很喜欢的一段话：

其实真正鞭策我们的，从来都不是他人的优秀或成功，往往只是我们到底有多么想要成为那样一个自己。正是那份渴望，促使我们变得坚强和勇敢，朝着理想的彼岸出发，坚持直到抵达。——苑子文

想象着"32"握着这张便签的场景，我情不自禁地笑了出来。我忽然发现，原来分享是一件这么快乐的事。仅仅只是往书里夹了张便签这样的小事，就让我开心了好久。

这种好心情一直持续到不久后到来的又一次模考。

我本以为自己把基础知识掌握牢固后，成绩会有不小的提升。可真正坐在考场上看着题目的那一刻，我才发现一个让我绝望的问题——我还是不会做题。

我陷入了一种难言的尴尬境地，好像课本上所有知识点都学会了，可面对题目还是无从下手。

我又一次自我怀疑：我花费了那么久进行的第一轮复习，是在做无用功吗？

这段时间，我很想求助他人，但看着埋头苦干的同学们，最终还是没有开口。我想过把苦闷的心情诉说给"32"听，可提起笔来的那一刻，我还是照旧在便签上摘抄了励志的文字。

我想，我不能把负面情绪带给同样处于高三的"32"。我要和他一样，带给别人的是积极向上的力量。

有些难捱的苦闷，注定只能独自消化。

在高三这条跑道上，再自我怀疑，再迷茫，我都不敢停下脚步。我努力地自救，最后选择了最笨的一种方法——不断做题。量变终究会引起质变吧。我买来厚厚的习题册，逼迫自己静下心来做，对抗烦躁和焦虑。

星光不负赶路人。在我又一次重整旗鼓，调整步伐冲刺高三后不久，我看到了希望的星光。

十二月底的那场模考，我取得了前所未有的优异成绩。看到成绩的瞬间，我热泪盈眶，那是我通过努力收到的第一次正面反馈。我把所有喜悦写在便签上，分享给"32"。

我让自己从进步的喜悦中尽快抽离出

来，一刻也不敢放松。很快，我又发现了一块横亘在我前进路上的巨石，那就是过重的得失心。

我很害怕自己退步，害怕自己不能更进一步。

在疲惫不堪的高三，我第一次尝到了失眠的滋味。漆黑静寂的深夜，眼睛困到酸痛的我翻来覆去，依然无法入眠。

没有人能帮我，所有惶恐不安和紧张焦虑都还是要自我消化。我应该是自己最忠实的鼓励者和最诚恳的拥护者。

在整个高三的马拉松长跑中，支撑我无数次摔倒又站起来的力量都来自"32"的便签，是"32"让我明白要义无反顾地做自己的支持者。

其实有很多次，我都想要问"32"是谁。我当然好奇他到底是哪个班级里的哪位同学，好奇内心那样强大的他长什么样子，好奇他是男生还是女生，好奇……

可不知为什么，我又不想把一切点透。我想让"32"永远模糊，永远是我在阅读课上感受到的模样。

我不问，他就一直是我高三路上缘悭一面的同路人，是互相鼓励的伙伴，是互相治愈的朋友。

五月底的阅读课上，我终于在便签上写下了一直以来想要向"32"表达的谢意。

在高三这场长跑里，我不断对抗自己的惰性，考验自己的耐力，挑战自己的韧劲，终于，我坚持到了最后。

说来也巧，高中生活最后一天刚好有一节阅读课，我照例先翻书找"32"留下的便签，上面是熟悉的字迹：

去看江河湖海，去看朗月繁星。

这是"32"留给我的最后一张便签上的话，也是我收到过的最美好的祝愿。

一位高三学生写给父母的一封信

✳ 不才临渊

亲爱的爸妈：

谢谢你们。

关于信的开头，我其实想了很久，但思来想去，还是决定直白一些、直接一些，把最想对你们说的话先写下来。整整十二年，欢笑也好，争执也好，温暖也好，愤怒也好，终归是你们陪我走完了这一路。尤其是前一段时间，算是迄今为止我人生最大的低谷期，我想如果不是你们，我很难这么快从中调整过来，去坚持走完高三这最后一段日子。

想起以前，我曾手指着你们说，你们根本不理解我。因为你们都没上过高中，姐姐又选的是文科而非理科，我算是家里"第一个走这条路的人"，便有了不知从何而生的"孤军奋战"的感觉，认为你们虽然能在物质上支持我，但精神上我始终是孤单一人。当我说完这话，你们的失望与无奈我其实都看在眼里。我想在那段时间里我一定很自以为是，肯定非常别扭，搞得你们都不知道怎么和我交流，还常常因为几句话不对就闹翻。现在回想起来，那大抵就是所谓的叛逆期吧，还真是幼稚得有点可笑。每个人的生活经历都不一样，又怎么会有人能够彻彻底底地理解另一个人，尤其是你们，生长于和我们完全不同的时代，理解我怎会如此容易，就像我也从来没有真正理解过你们一样。

代沟这个词，太生动形象了，我们之间确确实实有着一条时代的鸿沟，社会变迁，成功的标准换了又换，和你们当年已是大相径庭了。对于我们这一代，考上大学只不过迈出了成功的第一步，找工作的金钥匙变成了敲门砖，课本上的知识远远不够，各种兴趣爱好德智体美劳还要全面发展，成功的标准也变得千差万别，你们当初的标准也不再适用于当今的社会，所谓"理解"一事便更是难上加难。但我要感谢你们的是，你们或许并不太能理解我，不理解我为什么喜欢看动漫，为什么喜欢听根本听不懂的外语歌，为什么喜欢打游戏，但对于我这些兴趣爱好，你们从来没有过多干涉，这让我有了被尊重的感觉。

能做自己喜欢的事情，算是人生难得的幸事，而这份意愿能被天底下最亲的人尊重，我怕是世界上第一幸运的儿子。这种感觉在以前并不真切，但前段日子回家休养的时候，我却是实实在在体会到了这一点。当我提出要回家时，我只觉得自己很懦弱、很没用，其他人和我一样远赴千里来读书，一样地苦、一样地累，为什么他们学得比我好？为什么他们就能坚持住，只有我一个人无法承受，像个逃兵一样从前线溜回了后方？

我以为周围的人或多或少会看不起我的临阵脱逃，我以为你们会唠叨，会说现在我的同学们都还在教室里学习，而我却

111

在家里休息之类的话。但当我回到家之后，你们一切如常，该吃饭吃饭，该睡觉睡觉，没人提学校的事，仿佛什么都没有改变，生活波澜不兴。这对我来说是莫大的安慰，也是在那时，我感到了久违的轻松与惬意。我们讨论着生活上的种种，午饭后出去散步，晚上一起吃烧烤，有时候我一个人在街上漫无目的地瞎逛，仿佛只是放了假回来休息一样。回来遇到的所有亲人，对我说的话都是"累了就休息会儿""相信自己，一定可以的"。

是啊，高考而已，有什么大不了的，未来和高考一样重要，甚至比高考重要的事多到简直数不过来。或许生活原本就该是这样的，每个人都或多或少背负重担前行，有些事情放在当时来看好像是翻天覆地的大事，但现在看似乎也就那样。生活还要继续，前路还很长，人，也总是在向前走的。

关于未来这一话题，尽管你们总说我"想得太多""谁也说不准未来发生的事"，但我想，到了这个阶段，每个人应该都或多或少地想过未来的事，思考过自己以后会上什么大学、学什么专业、到什么城市、找什么工作……说实话，时至今日，关于这些问题的答案，我一个也想不明白。我还没怎么经历过世事，未曾涉足社会，资历尚浅，对生活一知半解，不管怎么苦思冥想，也得不出任何结论。但未来像一个黑洞一般，对年轻的我有着无限的吸引力，我幻想着高考后的暑假，每天睡到自然醒，打游戏，看剧，追小说，向往那自出生以来不曾有过的、被压抑了许久的自由，挥霍属于自己的青春。我幻想着在喜欢的城市做着喜欢的工作，充实而又清闲，能保证温饱有余的同时发展一些兴趣爱好，能找到工作与生活的意义……这些幻想足够美好，对我有着巨大诱惑的同时，自然也包含着巨大的不安。

万事万物都有两面性，世上不可能什么都按我的想法来，万一考不上想去的大学，学不了喜欢的专业，找了不想做的工作甚至根本找不到工作，遇到讨厌的人，怎么办？而当现实里的打击一次次出现，这份不安几乎变成了确信：我连一次试都考不好，又怎么能考上好大学呢？我连这个坎儿都过不去，又怎么能承受生活的苦难呢？悲观的情绪是一种连锁反应，更别提考大学、选专业、找工作等，但凡其中有一个出现失误，都是我生命中不能承受之重。

我想这样的担忧不止我一个人有，但好在我现在已经基本上能够想开。有一句话我非常喜欢：中国的老百姓很伟大，不论经历了多么难以承受的痛苦和打击，他们依然能平静地生活下去。而我正是这些普通的老百姓之一，是个平凡人。无论用多么美丽的辞藻去粉饰，苦难永远是生活的底色，但最可贵的是我们会珍惜每一份幸福，并总抱有希望。我们每个人大部分的日子里都充斥着枯燥、疲倦和不如意，但凭着只占生活一小部分的喜事乐事，我们便能熬过无数的苦日子，并为了更多这样的事，心存希望、继续前行，这不可以说不是一种伟大——平凡的伟大。而这样的伟大只需要做一件事：那便是不断努力、不断尝试，不管用什么样的笨办法，只要我们尚在努力，生活就总会向着更好的方向行进。

写下这么多话，不仅是写给你们，也是写给我自己看的。世界这么大，人生这么长，我想去看更多的世界，见更多的风景，过想要的生活，不如就从此刻开始，从这个夏天出发吧。

祝身体安康，万事顺遂！

儿子郭琦

即便是在实验班，也有很多同学找前桌赫赫问问题，但我注意到她不是因为成绩，而是班会课。

课上班长通知，鉴于体育课长期被占用，但期末得有成绩，请大家一个月内自行利用课间找老师完成跳远、铅球和八百米长跑考试。通知一落，"哀鸿遍教室"，只有赫赫没吭声，一下课就拿起水杯往操场奔去。

我趴在窗口，看她分别用两个课间，用歪扭的姿势完成短短的跳远后又扔了五次才及格了铅球。还有一次她跑完八百米，几乎张着嘴瘫在地上。我赶紧跑下楼把她扶起来，忍不住说："我还以为你运动很好。"

我听到体育测验时脑袋"嗡"的一声，以我对自己的了解，一定会拖到最后一刻再跑，就以为赫赫这么积极，是因为擅长。"确实不错，一学期只坐不动，能跑下来真是奇迹。"赫赫扶着腰，满脸痛苦。

我心里一惊："你是不是从来不拖延？"赫赫反问我："人为什么会拖延？""就是……"我支吾着，"有的事想到就很烦，然后就一直拖啊拖的。""再然后想起来八次，心烦了八次，最后还得去做，白白多烦了八次。"赫赫继续说，"我不想心烦，所以直接去做。"

她还教了我一个窍门："想拖延的时候，可以把自己当成机器人，直接执行命令。"于是，再遇到不想背书、不想洗澡只想瘫沙发，甚至是不想处理和好友的矛盾时，我都试图强迫自己"开机执行"，可我还是做不到。

从沙发上站起来又倒下去的时候，我真的很懊恼，觉得我对自己太好了，毫无自制力，简直是看不到未来的失败者。

而随着跟赫赫的接触变多，我发现她不仅从不拖延，不论事情有多少、作业多难都从不抱怨。而我呢？试卷最后一题总是思考十分钟就放弃，一件事决定做就去做，

她淋的雨最少

✳ 赵不易

不做就真的再也不碰了。她好像不会犹豫，也从不为被坑了钱、遇到倒霉事儿丧气，一点都不内耗，省下来的时间和精力让生活变得游刃有余，有我羡慕的一切。

大半个月过去，眼看着同学都完成了体测，我忍不住找赫赫取经，她想了想："我觉得好像不是执行力的问题，是心理上没有接受。"她让我做选择题："如果今天不去体测，明天就要跑两个八百米，你哪天跑？""当然是今天。"我不假思索地回答。"可是你拖着不跑，不就是在跑步与跑步加难受好多天之间，选择了后者吗？"我一下被问住了，拔腿去操场跑起八百米。

汗流浃背在操场绕着圈时，我发现跑起来也没有想象中那么难熬，越发对赫赫佩服得五体投地。那些我羡慕她的事儿，其实和体测的性质一样，我面对时总像个哭闹着不愿接受现实的小孩，而赫赫则不浪费一秒钟，爽利冷静地接受了，豁达且成熟。

有的事儿像躲大雨，往左跑的路会踩泥巴，往右跑的路很漫长，她明白徘徊着只会淋更多雨，也清楚泥巴和淋更多的雨，自己更不能接受哪一种。

113

命运，别交给其他人

与其在未知的恐惧中精神内耗，不如找到属于自己的精神动力。

✳ 小万一

我们学校有个男生退学了。

我听说，他刚上初中的时候成绩平平。后来，他喜欢上了一位优秀的女孩子，为了自己喜欢的女孩，他奋斗了一年，如愿和女孩一起考上了省重点的实验班。然而，那位女孩并没有接受他的表白……

听到这个事情，我不禁想起那天在小红书刷到的那个姑娘。

她看起来大概是十六七岁，涂着大红色的口红，画着长长的眼线。她说，她在高一的时候喜欢上了一个男生。可那个男生却是一个渣男，使她抑郁了很久，最终不得不退学。

翻看了她的评论区，我看见一条热度很高的评论："姐妹，不要把自己的命运交给别人啊！你值得更好的青春。"在这个个性化的世界，没有谁规定十六七岁的孩子一定要上学。但是，她脸上厚重的粉底还是遮住了她青春本该有的色彩。

我想起一些网上很火的文案："要想成绩好，恋爱少不了""努力吧，为了见那个他""今天的努力，是为了以最好的姿态迎接他"……

我不能说这些话没有一点道理。但是，这样把希望寄托在别人身上，甚至把命运交给其他人，真的可行吗？

我想起我高一的时候，因为学习没有动力，整日如行尸走肉一般。那时有一位学习很好的男生向我表白。我当时认为，他是救赎我的那一束光，便答应了他。

我在桌面上、墙上贴上了激励自己的话："为了和×××去同一所大学而努力！"在他的帮助下，我在两个月内提升了一百多名。然而，因为种种原因，我们总是吵架。我害怕失去学习的动力，不愿分手，导致严重内耗。但是最终，我们还是走向了分手。

我失去了学习的动力，回到了那个浑浑噩噩的状态。

就这样，我又摆烂了整个高二。

在高二下学期的一次心理课上，心理老师讲到了荣格心理学。

那些枯燥而无趣的概念和理论，却让上一秒还在和周公下棋的我睁大了双眼。我甚至在课后记下我对那些理论更深的思考，并用一篇长达几千字的"论文"，论述我与众不同的观点，却发现还是存在许多问题。于是我买了一堆与心理学有关的书，把空闲的时间埋在这堆书里，寻找问题的

答案。

随着研究的深入，我发现我的疑问却越来越多。我带着疑问，迫切地想和其他人讨论自己与众不同的想法。但是，很多人很难理解我的想法。内心的迷雾越来越浓，它们表现出一副不被吹散就不善罢甘休的气势，深深地扎进我的内心，让我隐隐作痛，焦虑不堪。那一刻，我或许明白了自己学习的意义——去更高的平台，找到和我有共鸣的人，解答自己的疑惑，证明我与众不同的想法是合理的。

那一刻，我感觉灰暗的世界里刮来一阵风，视野中的一切变得清新可爱，前方的路隐隐约约闪着光亮。我感受到有一股神秘的力量把我向前推，我离那些迷雾下的景色也越来越近。

一轮复习的时候，我以飞一般的速度进步。

高三的动员大会上，老师让我们想好自己想要去的大学和专业。

我见过太多的学哥学姐们相约在大学重逢，为了对方改志愿，最终悔不当初。我对我的好朋友说："我可能会考到南开，但是如果我超常发挥，那么我希望你支持我去其他城市，追逐自己的梦想。"

没错，始终能陪你的只有你自己，你必须为自己考虑，为自己负责。不管是喜欢的男生女生，还是要好的朋友，你们能做的只有各自努力，然后未来某天再见。

就这样，我在追寻答案的路上奔波，朋友在追逐梦想的凌晨图书馆里喝着咖啡。我们，都在为了自己内心的希望而努力，我们尝试抓住自己的命运。学习之余，我们会为焦仲卿和刘兰芝真挚的感情而流泪；会为黎吧啦对张漾不惜一切的喜欢而感叹；也会羡慕陈念和小北之间勇敢的爱……但是，我们也会为他们感到惋惜。

在这错位的时空里，谁也做不了谁一辈子的救世主，分别俨然是一种常态。我们不能预知未来发生的事情，不能控制别人对我们的情感，更不知道所谓的信念什么时候崩塌。我们的人生不是电影，也不一定会遇见那个"非他不可"的人，与其在未知的恐惧中内耗精神，不如找到属于自己的精神动力。

就像那句"我命由我不由天"，我们要抓住自己的命运，让自己成为梦想的中心。

回忆三十年前的高考，好像是在写小说

文化就像太阳光，火烧不掉，水淹不掉，一个人有文化、有知识是最大的福气。

✲麦 家

那年那月那三天

这里指的是两个时间：一是1978年6月11—13日，二是1981年7月7—9日。前者是初中考高中的日子，后者是高中考大学的日子。两个日子对我都是非同寻常，有点一锤定音的意味。人生能有几回搏，说的就是这样的日子。胜者为王，败者为寇啊！

把歧视当作动力，发奋读书，通过优异的成绩叫人刮目相看，从而改变受歧视的劣势地位，这是受歧视者一种正常的反应，这是一种情况。另一种情况是自暴自弃，破罐子破摔，无所谓，无所求，任歧视自由发展。我属于前者，想通过努力把劣势盖住。但是，我们那会儿读书学习，成绩是不重要的，考试都是开卷考，好坏很难体现也无人关注。那时候，我们的好坏主要体现在劳动积不积极，好事做得多不多，对老师礼不礼貌等，这些课本之外的东西上。这些东西我都做得很好，小学五年，我当了五年的劳动委员。我待人也特别礼貌，包括现在都是这样的。到了1977年，天变了，国家恢复了高考，学校也开始要成绩了。这时我在读初二。我读的是二年制初中，初二就要毕业。以前读高中都讲推荐，像我这种，高中肯定是没门的。但是那一年天变了，上高中要考试，择优录取，我的机会就来了。

父亲比我还重视这个机会，并把这种机会归结为是我们搬出老屋的结果。其实那时我们的新屋很小，全家人有一半还住在老屋里，但我住的是新屋。新屋离红房子远啊。从那以后，父亲在新屋里给我调整了房间，调到离红房子更远的西边的房间里，并专门对我讲了一顿话。这顿话是我以后长长的一系列知识的开始，可以不夸张地说，这顿话几乎决定了我对世界的看法，至今还在对我发挥作用。父亲围绕着希望我发狠读书的主题，说着说着，变得像一个哲学家，向我道出了一个至真的道理：万般皆下品，唯有读书高。我已经忘记父亲有没有引用

原文（完全可能），但由此发挥的闲言碎言，我至今不忘。父亲说，文化就像太阳光，火烧不掉，水淹不掉，一个人有文化、有知识是最大的福气。

把知识文化比喻成太阳光，这是我父亲的发明。说真的，以前我对父亲的感情很复杂，一方面我觉得他很了不起，对生活和事情特别有见地、有追求，像个哲学家；另一方面我又觉得他糊涂，经常装神弄鬼，像个愚昧的人。另外，我父亲脾气很差，有点喜怒无常，动不动要打人。现在我又不这样看了。现在我觉得我父亲就是一个了不起的人，只是时运不佳，虎落平阳而已。

话说回来，自父亲跟我谈过这次话后，我开始发奋读书，得到的回报是考上了高中。那一年，我们两个班一百多名同学，考上高中的只有五个人。到了高中，大家都在发奋读书，我虽然也发奋，但成绩在班上一直处于中间，并不冒尖。1981 年，我参加高考，当时的高考录取率大概只有 3%，按我平时的成绩肯定是考不上的。结果那年高考，我们班上 54 名同学，考上了 3 人，其中有我。我是第三名，比录取分数高出三分半。尽管属于险胜，但依然惊动了老师和同学，而且马上流传开一种很恶心的说法，怀疑我考试时"做了手脚"。

这是放屁！

但是，我也在想，为什么我平时成绩一般，高考又考得那么好？完全用运气来说有点说不通，因为高考三天，后面两天我都在发烧。我是在昏昏沉沉中应考的，只有我自己知道，否则我一定会考得更好。

那么，是因为什么呢？我现在也不知道。

包括我父亲，他本是最爱探究神秘事情的人，但也没有给我探究出一个科学的所以然，而是给出了一个大众化的答案：这就是我的命。

这个答案其实比问题本身还要更神秘、更复杂化。

117

1981 年 8 月 29 日

阳光都被剪碎了，剪成了一片片不规则的图形，晃晃悠悠浮沉在柏油马路上。这是浙江省杭州市里的马路。这是 1981 年 8 月 29 日。这一天，我像进入了梦乡，被一辆军牌照卡车从富阳拉到杭州，进而拉到浙江省军区招待所，在招待所做短暂停留后（等人），又呼呼啦啦去了火车站。一路上，我记住了一个景象，就是太阳光像一块大白布，被遮天的树叶剪得粉碎，铺在泛黑的沥青路上，黑白分明，晃悠晃悠的，像是梦中的情景。虽然这时候我还穿着便装，但严格地说此时我已经是一位军人，享受着军人应有的待遇。比如进站时，我们走的是军人专用通道，上了火车，乘务员给我们提水倒茶，我们给乘务员拖地擦窗，亲如一家人，情如鱼水情。

我上的是解放军工程技术学院，现在更名为中国人民解放军战略支援部队信息工程大学，在郑州。这是当时军队的重点大学，录取分数很高，院方到我们学校招生时，他们初定的调档线比录取线高出 40 分。也就是说，我要差 36.5 分，自然是想都不敢想的。但是，那些高分的同学被院方带去医院做体检后，可以说是溃不成军，检测视力的"山"字表简直像一架机枪，一下子撂倒了 20 人中的 14 人，加上其他关卡卡掉的，最后只剩下 2 人。要知道，这不是一般的学生体检，这是入伍体检，是按军人的要求来的。于是，又重新改了调档线，比前次降了一半。但对我来说还差 16.5 分，还差得远。但也不一定。这一天，我在医院参加体检。

天很热，医院里的气味很难闻，我出来到楼下，在一棵小树下乘凉。不一会，出来一个戴眼镜的同志，50 来岁，胖墩墩的，他显然是来乘凉的，站了我身边。正是中午时分，树又是一棵小树，笼出的阴凉只是很小的一片，要容下两个人有点困难，除非我们挨紧了。我由于自小受人歧视，养成了（也许是被迫的）对人客气谦让的习惯，见此情况主动让出大片阴凉给他。他友好地对我笑笑，和我攀谈起来，我这才知道他就是负责招生的首长。我向首长表示，我很愿意去他们学校，就是成绩差了。首长问了我的考分，认为我的分数确实低了些，否则他可以考虑要我。但是，后来当首长获悉我的数学是满分、物理也有 94 分的高分时，他惊疑地盯了我一会儿，认真地问我是不是真的想上他们学校。我激动地说，是真的。

五分钟后，我改变了体检路线，转到四楼，接受了有军人在场监督的苛刻的体检。我的身体状况比我想象得要好，要争气，一路检查下去，居然一路绿灯，哪怕连脚板底也是合格的（不是鸭脚板）。当天下午，我离开医院时，首长握着我的手说："回家等通知吧。"

第五天，我接到了由首长亲自签发的通知书。

回想这一些，我恍惚觉得自己是在写小说。

成功的人从不在意之前的路有多灰暗，因为他自带光明。

▽ 1

今年，一个小妹高考发挥失常了，参加自主招考更是连连失利。

后来选择复读，那天刚好在医院见到她，她犯了胃病，清瘦单薄的身躯愈发无力。

先是她妈开腔："妮只考了二本，失利了。"说完长叹一口气。

她尴尬地看着我："有点丢人吧，本来是个好学生，现在见到之前的学生和老师都不愿意打招呼。"

"要是我明年还考不上，怎么办呀？"她眉头紧蹙。

其实呀，人的苦恼往往来自对未知的恐惧，恐惧使人不能安于当下，使人目光缥缈，使人削弱自我价值感，最好的方式是静下来，与内在力量沟通，它会帮我们解决问题。

想起她的哥哥，也是年级排名前列的尖子生，最终连二本线都没得上，心情相当沮丧。恰逢暑假征兵，他来医院体检时一脸愁容地与我寒暄："姐，我不打算复读了，当两年兵去，看看能不能混出个样子来。"

安慰的话多说无益，我并没有过多言语，只是说了一句："你到部队也可以学习，考军校的。"

后来他从部队来了信，他妈满村子转悠："我儿子考上军校了。"的确，他到部队后勤勤恳恳，再加上爱学习的习惯和原来的知识底子，考上军校也不足为奇。

第一次回来探亲，他父母备了几桌席宴请乡邻，各种鸣鞭燃炮，也算是衣锦还乡了。

有一点我很明确：条条路途皆通罗马。

世上哪有什么"如果"和"本来"，它们是无法解决问题的罪魁祸首，人多半的斗争都用于此。成功的必经之路不过是一次次试误，抗拒错误会越发远离成功。而重新来过的最好姿态就是：承认自己不好，然后去做。

▽ 2

关于姐，她是个十分幸运又十分不幸的人。幸运是因为她高考跃居省重点线，不幸是她参加了三次高考。

要论高考的感受，我想没有人能比她更深刻。高中三年，她的成绩均在班级前10名。第一次高考由于肠痉挛发作，发挥失常；复读一年后，第二次高考时，她身体基本无恙，爸妈战战兢兢地陪护了两天，依然与二本失之交臂，于是报考了专科院校。

整个暑假里，她异常烦躁，不吃不喝，

那些高考曾经失利的人，
现在过着怎样的人生

❋ 冯倩倩 cherish

总躲在房间里，甚至一度抱怨生活无趣。眼看着曾经的同学都拿到了录取通知书，她开始焦虑。她最终下定决心回到学校，待心思刚刚放到学习上，大专院校录取通知书就到了。她开始动摇，最后历经各方劝阻和反复挣扎，她决定再复读一年。

不得不承认，她遇到了人生的好老师。那个善良的中年男人，有点像《垫底辣妹》中鼓励女主的老师一样，给予了姐无比坚定的认可与支持。

姐姐一如既往地勤奋，早上六点钟起床，晚上十点钟准时上床，由时间的持久战转为效率战，一改内向的性格，主动向别人请教学习方法。

一路走过来，最大的还是心理的转变，庆幸父母是开明的，几乎很少给她学习上的压力，也从不与邻里比较。加上小姑的悉心照料，和表弟表姐们的相处，姐姐心情开朗了许多。

高考仅两天，和她一起复习的许多同学又哭又闹，有的彻夜失眠，她也一下子瘦了六斤——因为没有退路，因为恐惧，甚至她意识到这将是她最后一次翻盘的机会……但她坚持不让爸妈陪伴，甚至还笑着宽慰他们。那两天她经历了十几年来第一次刻骨的成长。

查分数那天，她不禁有些哆嗦。听到自己的分数时，异常激动，仿佛所有的忍耐都是值得的，她为自己挣扎后的选择付出了努力，而这份努力得到了应有的回馈。

她之后的人生就像开了挂。步入大学后，跑步比赛，社团辩论赛，专业成绩样样优异，她有一个雷打不动的习惯：晚上11:00睡，早上6:30醒。无论刮风下雨，无论酷暑寒冬，图书馆成了她的第二宿舍，看、读、听、写……仿佛在完成一件宏伟的巨作，从不怠慢。就连放寒假，她无论多晚睡觉，早上六点钟坚持从被窝里出来，给全家做早饭。

后来考研，从没考过第一的她，拿到了专业第一名。参加工作后她也没有放松对自己的要求，而是不断地学英语，考雅思。逢年过节回家，她还会不顾辛苦地下地干活，料理起农活来又快又好。

世上没有完美的事情，如果不能两全，坚持自己潜意识的选择，并为此负责到底，你一定不会后悔。人生的太多限制都是自设的，不要等成功了才坚信自己能够打破，而是先去打破才能成功。

因此别太早定义自己的人生，它充满无限可能。

3

赵同学，是我的高中同学，确切点来说他是扰了我两年的后桌，一个钢炮般的苦行僧，习惯机枪扫射般念书，整个高中时代常常是废寝忘食地学习。

大多时候，他会成为大家口中的笑料，他专注时憨态可掬，"书呆子"的称谓不胫而走，大家习惯了他的辩论和较真，习惯了他的声嘶力竭和热情过火。

他有用不完的力气，但脑子并不灵光，并不是老师口中的楷模。他喜欢看书，几乎会把老师要求之外的课题也一同背下来。遇到问题，他绝不四处观望，只会埋头钻研；不解的时候也会求助于人，课堂上就属他的问题最多了。

高考时，老天并没有偏爱他的勤奋，他选择复读，愈发像个小学生一样按部就班。同学被大学录取了，他也从不羡慕，仿佛开启了傻根模式。

第二次高考，他依然没有崭露头角，

最终考进一所三流大学。据说在大学里，他终于由高三时代的小学生版进化为中学生款，热爱运动，喜欢读书，单纯老实。

毕业后到基层工作，27岁时的初恋成了他现在的老婆。自从有了女儿，他在大家的印象中才算圆满。

去年，我意外得知赵同学参加国考，留在了省厅。虽说公务员在有些人的眼里并不算一份高规格的工作，但竞争那个岗位的也不乏名校研究生。对于他来说，至少工资翻倍，至少农村出来的他告慰了年老的父母。

幸运只会砸向那些努力而有准备的平凡人。那些懂得很多道理的人，有时反而不如懂得道理少而单纯践行的人，因为前者更容易陷入迷茫。

▽
4

闫同学，是我高中时代的上铺姑娘，典型的傻白甜，善良朴素，不急不躁。

出风头的事没有她，熄灯卧谈的事没有她，她就像个透明人一样存在，她和赵同学类似，但却不急于争论，不善于表达。

关于成绩，确实也不错。记忆中她爱"死学"。高考在老师和家长的鼓吹呐喊中神圣化，她的胆识、心性和底气并不足以抵抗各方的压力，以至于高考失利，没过二本线。在小城的传统观念里，高考是唯一决定命运的门槛，复读是唯一的退路。

然而，复读失利，也成了她的标配。征集志愿时她报了十八线二本院校。大学时代她依然后知后觉，不紧不慢，形单影只，几乎每天都会去自修晚自习。舍友们打扮得花枝招展的时候，她看恐龙和化石的纪录片；别人急着谈恋爱的时候，她研究女人和男人的发展史。

合理地规划时间，是很多人做不到的，

大学是一个突破的好时机，它并不是肆意挥霍的代名词，可惜太多人以为到站了，就止步了。那些所谓无放荡不青春的人，不过是早点认尿了，你终会会明白，真正的酷装不来。

别人千拥万挤在体制的舒适圈安逸度日的时候，她选择回老家发展最慢、管理最松的中学，当了一名老师。年长的同事们纷纷以过来人的身份劝她去考县里的公务员，或者去应聘重点中学的岗位，她总是一副无关紧要的样子。最后那些人也都作罢，大抵是嫌她不懂得变通。

其实只有她自己知道，长远的安全感来自强大的意志力和完全的自我，而强大的意志力往往爆发于目前的安全感与舒适圈之外，想要跳得更远，不如退远一点来助跑。

2015年7月，她辞了职，等来了南开大学的录取通知书，是她最喜欢的历史考古学专业。当别人玩烂了几部智能手机时，她还在用那部大一时买的按键机，她说查资料用电脑，带在身上的手机不用太花哨，因为很少登录QQ，当时连微信都没有。

繁杂的世界中，四处观望，一味寻求捷径，不过是在浪费成功的必要精力而已，所以她从不浪费有限的精力。现在，她也学会了装扮自己，去了一些地方，读了很多书，也会准备考试，但绝不会被生活牵着鼻子走了。

一个人对待外界的态度，往往就是她对待自己的态度，她在浮躁的世界中安静地找到自己的定位，是一种难得的境界。

她真正做到了外表平静如水，内心稳重如山，她的笨，她的后知后觉，不过是常人难以企及的大智若愚。

这么多年过去了，打败你的根本就不是高考，而是懒惰、胆怯又不善于成长的自己罢了。

你所坚持的一切，就是最好的答卷

※ 佚 名

倒计时翻得太快，我想你现在应该变成了家中的重点保护对象，变成了老师口中背水一战的将军，变成了自己的敌人，也变成唯一能与自己同行的人。

如果你失眠，敏感，压力大到想骂人，走在路上都会莫名想哭。

如果你嫉妒，自卑，绝望到想放弃，对自己的未来感到深深的恐惧。

别怕。这些都是正常的，是高三学生常有的竞技心理，它们充斥在生活各个角落，是把人逼到一种接近病态的心理状态。

那些极端的感受正在扩展你生命的张力，我知道让你与更多的负面情绪交锋是一件残忍的事情。日光灯下正在晚自习的教室，只剩下沙沙的写字翻书声，纵使全班坐满了人，课本字典和卷子堆得满满当当，你还是会有一种深深的落寞，这明明是一场千军万马齐发的长途拉练，你却踽踽独行。

▽ 1

记得我高三的时候，每天六点默默起床，穿衣服，收拾好出门。去超市买一袋面包，一瓶牛奶，穿过清晨薄薄的雾，登上五楼的自习教室，开始背书，整个人机械式地活着，偶尔看东边冉冉的朝霞，看飞鸟停歇在屋顶，便觉得是永恒的安慰。

放在自习室的试卷被折了又折，画了红圈表示要注意的地方又会被画上一个绿圈。水性笔禁不住周考和月考，本来一支一支买，后来直接买一大盒。

高三的时候大家的情绪都变化无常，老师讲题时一个无意的口误都会惹得大家狂笑许久，下课时我们会玩一些特别幼稚的游戏，因为情绪都是绷着的，抓紧能笑的时刻大笑，其实心里也知道没什么好笑的，那就跟着大家笑，以为这样就可以忘记暂时的难过。

走廊的墙上贴着上一次月考的成绩，单科前10用大红色纸，全年级前100用粉红色纸，那些被量化的成就感和自尊心，用数字和排名标记出来，公布于众。多少次没有人的时候，我久久地凝视那些名字，计算着自己到达某个名次的可能性。仿佛这就是我未来人生中所能达到的高度。

那是至今为止，我生命中情绪起伏最大的一段时间，我妈一度以为我得了抑郁症。爸妈给我吃安神补脑的口服液，带我去江边吹风。我平静地说没事，说着说着就开始哭，哭完了自己平复下来，告诉自己有什么好哭的，拿出练习册，写着写着又想哭。

总之，在那些时间里，我将自己投身于一项所谓的"人生事业"，偏执又脆弱，盲目又胆怯。我们闺蜜几个人经常靠在栏杆上吹着晚风，诉说着各自心仪的学校和没有着落的未来。我早起晚睡，拼命刷题，让自己在绝处亢奋起来，我高三时和自我意志进行的决斗，是与那些摸不透的未来和当下的迷茫不堪进行的较量。

我觉得我完成的不仅是一次考试，还是一次与自己的对峙，在几乎陷入深渊的时候把自己救了出来。我为自己感到骄傲。

2

还有一些人，不甘败绩，立志再上一次战场，一雪前耻。

还记得我哥高四那年我高二，三月初的周末，我去他复读的学校看他。

坐了很久的公交车，来到那所位置偏僻的公立学校。下着雨，满目清凉的绿色，我撑着伞在教室外等他，教室外有一面矮墙，爬山虎环绕四周，鲜艳的绿与中间红得醒目的高考倒计时交相辉映，触目惊心。

教室里上着英语课，老师机械式地念着试卷选项，学生们松散的回答声穿过厚厚的试卷垒成的墙，也散去了。这样压抑的氛围让我一下子对高考恐慌了起来，明知道洪荒不久后就会滔天，却想着还有"高三"的人顶着，于是暗自侥幸。

下课后，我哥出来，他消瘦不少，拍我的肩膀，领着我去饭堂打饭。说起生活琐碎，说起模拟成绩，说起复读生住的那被隔离开的偏远旧宿舍，说起自己过去荒废的高三和父亲失望的脸，好在目前在重新爬起来的路上，舍友亲如兄弟，也算失意中有个安慰。

他坦言高三那年是他最堕落的时候，刚开始是侥幸，觉得自己聪明，能赶得回来，累了就逃课出去打游戏，想要暂时的放松。作业一多就选择逃避，越逃避，和他人的差距就越大，大到让他没有感觉了，知道追不上了，就草草放弃了。成绩出来，惨不忍睹。

我知道这不是他想要的，我哥小时候很聪明，心气也高，家里对他寄予很高的期望。外婆年纪大了，却一直念着我哥，经常在周三花一上午时间准备两大盒饭菜，坐两个小时的公交车送给我们吃。有一次外婆回家时天色太晚，踩到沟里摔伤了腿，落下了毛病。

我们兄妹之间的谈话向来是玩笑居多，可那一次他那么冷静而认真地和我说起生活境况，我拼命想把自己逼成一个大人，好说出些安慰而有用的话，却被他那些鼓励和关心压了回去。我觉得我哥一下子变成真正的大人。

他的二战高考结果不错，考上了本地的一所尚可的大学。

前段时间我去他的学校看他，他已经快大四了，在学校自己创业，组了团队做比赛，起初四处碰壁，后来绝处逢生，拿到融资，业务渐渐做大，如今风生水起。他准备去广东闯一番，说失败了大不了重新来过，年轻就要多去闯多努力一些。

他说："和社会接触了，才知道以前的自己是多么幼稚。想想还是以前好，什么都不用担心，但是现在长大了，爸妈也老了，不扛起来不行。"这和我记忆里陪我过家家的网瘾少年完全不是一个人。

▽3

我身边有一些复读过的人，他们并不避讳自己记忆里多出来的那一年，他们中有个共性：进了大学之后往往更加努力，更有勇气更敢拼，对于所得的一切也更加珍惜。没有人知道他们在本不该多出的那一年里发生了什么，可是我知道他们中大部分的人都很优秀。人要学会用经历过的艰难和不堪打磨自己，并且学会珍惜当下，创造任何可能的机会。

所以不要认为自己背负着更大的压力，你所失去的东西会让你比其他人更加懂得珍惜。这份铠甲也会磨炼得更加坚硬。

我一直不知道该怎么去鼓励那些即将经历高考的孩子们，因为那些加油的大白话在此时已经变得麻木而失去新意。

我只能告诉你，你目前难熬的这些艰难时光，我也经历过。过去我认为那是黑暗而没有边际的，现在回想起来，那是一段有光可循的可爱日子。

因为到了大学，你将失去一个理所应当的目标，这可能是应试教育的悲哀。目前你虽然很累，但是前所未有的充实，别人告诉你，上了大学就解放了，可是真正到了大学，不再"劳其筋骨"，却"心为形役"，再也没有人逼着你前进了，那些无所事事的时候，迷茫焦虑的时候，为未来担忧的时候，并不是你们口中的轻松，我们承担得了你们如今承受的"重"，却很难承受这份心理上的"轻"。

我的一个学姐曾经这样和我形容备战高考："这是一段单纯为自己努力的时光。无关他人，我的每一分努力都会原原本本

地回馈在我自己身上。"

你所做的事情在很大程度上是有回报的。如果你的目标是985、211，而且成绩尚可，请一定保持好现在的成绩并且不断进步，如果你上进但成绩起伏不定，一定要反复琢磨自己的答题弱点然后一点点改掉，如果你成绩真的很差，差到绝望，我还是希望你能抓紧一点是一点。

当你意识到晚了的时候，恰恰还是早的。

可能正在高三的你，每天素面朝天，常常失眠，把咖啡当水喝，压力大了还会暴饮暴食，刘海被夹起来因为总是长痘，你不关心家国大事，你只关心成绩和排名，连那个想到就会脸红的人都紧张到不会梦到了。

可你还是会害怕忽然点你名字的班主任，会在每次月考完默默计算自己的成绩然后偷偷打听别人的，你觉得你一辈子都不会忘记矛盾观的原理的方法论了，你甚至觉得隔壁那个上课偷偷擦唇膏的女生有些不务正业。

可能几年后的你会花枝招展漂亮许多，更在乎哪个牌子的口红颜色更漂亮，你再也想不起主要矛盾和次要矛盾的方法论是什么，可是你想到那个曾经不起眼的自己，想到那个那么固执而努力的，每天会打着手电背书到睡着的自己，是多么多么的可爱。

因为那样的自己不会再有。

因为感慨很多，所以想把这些絮叨送给那些准备高考的孩子，我们站在那道"坎"的对岸看着正在艰难跋涉的你，真诚地为你的坚持和努力感到佩服，也衷心祝愿你能拥有想要的一切。

我告诉你，其实相比高考试题，最难的考卷，就是整个高三本身，你所坚持的一切，其实是最好的答卷。

高考倒计时的最后一天，
我用完了第 300 根笔芯

我高四的这一年

✽ 丸久小圆

不要总去考虑付出的值不值得，不要内耗怀疑，不要妄想。

1

高考前夕，我被骗了四千块。

起因是高考后的假期里有一场我喜欢的明星的演唱会，在社交媒体上，我认识了自称是承办公司的员工，请她帮忙预留一张很难抢的前排票。

我知道不应该在高考前忙活这些事，但我太傲慢了。从小到大，我学习不错，有点特长，总被夸漂亮性格好，虽然表面知道要谦虚，不敢露出太得意的样子，但内心虚荣得早就把尾巴翘得老高。

所以考试的时候，我错估自己的能力，以为能像平常一样轻轻松松答完卷，甚至在涂卡的时候还想着怎么才能拿回被骗的四千块，导致后面的两道大题在提醒还有十五分钟时都还没读到！

理所当然，我和理想的学校失之交臂，连兜底的专业都没扒上边。我要复读，爸爸和我商量先选喜欢的城市念一个大学，再慢慢考研考博，可我一意孤行，选了一个鱼龙混杂的高中复读。即便如此，我在接下来的暑假里还在牵挂那四千块，去咨询律师，还在网上找有相同经历的网友。

时间很快就到了新的九月，我的朋友们踏入大学的门，我高四正式开学。

我仍然没有任何复读的真实感，只觉得是延长高三。一次失败的高考，我自以为是地把原因归结于考前被外界吸引了注意力，题都是会的，本事没少，跟着上高四不过是自己在家学无聊。

就像是错过一辆公交车罢了，或者叫意外插曲。我坚信，无论什么时候，只要有考试的机会，我就能弥补遗憾。

2

高四的老师不再像高三那样一步一步地带着人走，而是她大步流星在前面，你沿路捡拾自己的纰漏。班主任在第一天就半开玩笑地坐在讲台上撕开了这一年的"面具"：都是过来人，也有经验，这一年对你们自己来说是什么意义，不用我多余跟大家讲，好好学，别后悔。

我完全没放在心上，在四人一排的桌子底下跟刚认识的同桌说话，我们两个一见如故，因为都喜欢那个明星。

复读的第一个月，我比之前更放肆，发下来的一套卷子就挑几道大题写，更多的时间里都在跟同桌聊天，我抱怨那个骗钱的骗子缺德，我们相约下一次演唱会一定要一起去。

然后就是第一个月的模拟考，我比入校时的高考成绩低了五十分。

拿到成绩的时候，有点准备，也有点难以置信，整个教室里很喧嚣，我听见自己的心脏扑通扑通快要跳出来。心理准备来源于考试的时候我就无比清醒地知道，这次，没有胡思乱想，没有时间不够，我是真的不会，难以置信是不敢相信居然会考得这样糟糕。

古诗词默写里一点都想不起来的前后句，解析几何完全做不出来的辅助线，还有几道历史政治的选择，直到试卷发下来我仍然不知道错在哪里……当天晚自习，我呆呆地看着作业魂游天外，同桌看出我的心不在焉，安慰说没关系，实在不行跟她一起去创业做美甲。

我摇摇头。她和我不一样，她根本不想复读，本来上完初中就准备去学化妆美甲，但她有一个学习很好的哥哥，在北京上大学，所以她爸爸很强硬地把她送了进来。她说她熬完今年家长就会妥协了。我不行，我想当老师，只有考大学这一条路。

3

我郁闷地跟同桌说，糟糕了，再这么下去我还得复读一年。话虽如此，但其实此时心情还没那么忐忑，觉得学一学怎么也会追上去的——曾经能考好的话，证明学习方法没问题，不是吗？

然而冷水很快又泼了下来。第二个月的模拟考，我不仅一点进步都没有，甚至又退步了几名，老师讲卷子的时候说题不难，比上次还简单，大部分同学做得还不错。

我突然感觉老师是那么冷漠。在进校的时候，班主任还把我算在重点学生里，说我有希望上985，但现在，我已经不属于她口中的"大部分同学"。她放弃了我，我心头涌上一股酸意，但又觉得别人怎么会是你自己的主宰呢？是你自己先放纵欺骗自己的。

我自乱阵脚，陷入无休止的内耗中，开始看很多"锦囊秘籍"："你拿不到的那十分怎么办？""揣度出题老师的想法比揣度题目更重要"等。我时常把时间都用在想这道题做了有用吗？会考吗？现在做还是考前做？或者说省下时间去巩固古诗文会不会更好？又在某一刻仿佛突然清醒般地意识到，琢磨这些有的没的用掉的时间，早就够做完好几道的了。

思绪被冰冻进十二月的雪里，走过的路像雪地里的脚印，很快被掩盖消失，高度重复的，除了知识点，还有极度内耗的每个日夜。

同桌意识到我跟之前不一样了，已经不再总拉着我玩了，同样发现我异常的，还有我的英语老师。

他才毕业没几年，因为成绩很好所以带高四，在某一堂自习课上，他让科代表叫我去他办公室。

"第二篇阅读，当着我的面做一遍。"办公室其他老师都在忙着批改作业，他见了我，拉过旁边一把椅子，示意我去做桌子角上叠好的卷子。

我做完给他，他没有立刻把答案给我，而是说起了别的："我记得你第一次月考英语是咱们班前几名的，现在这是，骄傲了？"

"没有批评你的意思，但英语阅读先看题目，再带着问题去原文里找，我是不是这么教过？你之前还有这种做题痕迹，现在为什么不这么做了？"

我已经忘了，太多太多的"技巧"，让我早就不知道面对考试，最稳妥最诚实的办法是什么。

"不知道你是不是已经忘记了来复读的目的，但是我觉得，如果继续糊弄自己，那么白白浪费这一年，会很可惜。不要再试图走捷径了，所有的投机取巧，在绝对实力面前不堪一击。"他笑了笑，"不要妄想一劳永逸，也不要无意义地内耗怀疑自己，更不要总去考虑付出的值不值得，会不会有回报，时间和结果会给你答案。"

4

转折应该就是从这里开始的。

谈完话我从办公室出来，走在玻璃擦拭得干净明亮的连廊，连廊外火烧云如百舸争流，美得仿佛已然躲过灰败的冬天。

"不要总去考虑付出的值不值得，不要内耗怀疑，不要妄想。"

这句话成了我之后一次又一次踟蹰犹豫时的绳索，几次磋磨让我不再傲慢，不再

扬扬得意地觉得一切都在自己的掌控之中，但也让我知道，我其实还可以控制自己。

寒假过后，时间变得更加紧张，因为农历年晚的缘故，开学已经三月，我按部就班地每天听课写题、背书睡觉，做完每一张试卷上的每一道题，弄懂每一个遇到的知识点，不去想它们是否会出现在高考里，只是缓和地想着，多会一点，把握就大一点。

高考结束后，我之前的朋友回来找我玩，她们陪我一起熬夜，查到了原本在去年就应该属于我的成绩。

上了大学后很久，我都没怎么从高四的状态中抽离出来，有时候还会梦魇在模拟考又一塌糊涂的困境里，然后空落落地看着手机上已经加了数字的日月，稀里糊涂地清醒。我从班级群里找到了同桌——很奇怪是不是，我们在那一年里说过很多很多话，非常非常亲密，但却没有最基本的联系方式，她好像我高四的限定好友，想到她就会想到那意外添加的一年。

所以最后我没有发送好友请求，就留在那一年吧，我看她朋友圈里已经开好的亮晶晶的美甲工作室，后知后觉地意识到，不知从什么时候开始，我们都不再喜欢那个明星了。

还有那个英语老师，听说他带完我这一届又带了高四复读班。仔细想来，高四这一年并不能单独地放在记忆的抽屉里被隔离，我未来很多年都记得他在办公室里跟我说的话，不要妄想，不要考虑，不要内耗。我曾经在一个没有课的日子偷偷坐火车跑回学校，在校门口吃了一碗黑椒牛柳炒面，等到夜色四合才看到他的身影。

我终于和高四告别，告别时，满眼都是过去温馨的美好时光，和那个幼稚的自己。

1

我初中就读的学校对学生实行军事化管理，那一年我十二岁，还什么都不懂，母亲为了锻炼我的自理能力将我扔了进去。

学校管理严格，女生一律剪露出耳朵的短发，男生的寸头不能超过一厘米。课桌上的每一件东西都必须有它固定的位置，稍有不慎，就是惩罚。

经过初中三年的磨炼，我并没有如母亲所愿成为学习多么厉害的人，相反，我的成绩一退再退，初三的那年成了班级倒数，与此同时我养成了小心翼翼的习惯，上课哪怕是睡觉，都会保持着同一个姿势不敢动。那几年我并不热爱学习，却被管制成了学习工具，坐在桌前整整一天，书上的字却一个都没看进去过。

迎来高中散漫的生活后，我第一次尝到了上课明目张胆睡觉的好处。

高一的上学期，父母去外地干活，没有对我的成绩做严格的要求。我的排名从年级三百名到五百名，后来降到第三次月考时的九百多名。而那个时候，我们年级总共才有一千个人。

那时候我和同桌的男生坐在最后一排，老师讲历史课，我们泡着枸杞下象棋；老师讲数学，我俩都趴在桌子上睡得没有了意识；老师让我站起来回答问题，我把他也给从板凳上带了起来，他居然把我们裤子上的绳子系在了一起。

我用这样的状态过了高一上学期的大部分时光，坦白说那个时候我对未来并没有任何规划，离我的高考还有两年半，我望着电线杆发呆，想象几年后我在哪里，在干什么。

快要冬天的时候我爸结束工作回到家，

终有风许梦的前提是，
不要相信传说

❋周煜之

我好像，什么都没得到，却又好像，什么都有了。

接到我班主任的电话。我爸拿着成绩单问我成绩退步的原因，那个时候才高一，我说我压根就没想过要考大学。我把这话说出来的时候，他拿起了门边的笤帚。晚上我妈来我房里看我，红肿着一双眼，从头到尾没说过一句话。

我知道她哭过了。我敢面对爸爸的打骂，却不敢面对她的眼泪，等她出了门去，我开始回忆自己那半年来做的混账事情，想完心里很不是滋味。父母把全部的希望压在了我身上，却被我残忍地毁掉。

2

我在那个时刻突然就醒来，下定了决心改变这种状况。

高一上学期的最后一个月，象棋被我收进了箱子，上课也不敢再说话或者睡觉。我近乎固执地学习，每天去得最多的地方就是数学老师的办公室。我笨，一道数学题别人一遍就能听懂，我听三遍才能了解个大概。这期间我受到过同学的白眼，遭过老师的嫌弃。

怎么会不难过？心里像是堵了一把棉花，密不透风喘不过气来。可每次一有这种念头，我就会想起妈妈流泪的样子，那么的孤独无助。

到最后期末考试的时候，我感觉到了前所未有的紧张，考数学的时候握着笔的手都在颤抖。人都是嘴上说着努力过了就不会在乎结果，可那是对成功的人而言，失败的人，唯一想要得到的就是能证明自己的成绩。我迫切地想要知道自己到底能不能成功。

班长把成绩发到群里的时候，我第一时间打开了。颤抖着手终于在靠上的地方找到自己名字的时候，我暗自松了一口气。

那个班级排名的九在我心头像一道烙印，倾诉着我一路的不易。父母的脸上也终于有了一点笑容。

期末考试结束的时候要分班，我选了文科。进入文科班后我的成绩一路上升，从进班时的班级排名第九到后来几次考试的第一，我对学习的兴趣渐渐增加，成绩变得稳定。我常常是班级的第一名，没考好的几次，是我不想考试故意为之。

我觉得自己有能力掌握考试的成绩，也以为我会稳定发挥，直到考上自己心仪的大学，却没想到成绩出现大的波动是在高二升高三的日子里。高三的开学考试，我的成绩从年级前十掉到了五十名之外。

慌乱之后我干脆破罐破摔，我每天上课的时候把自己埋在桌上看小说。老师讲的高考考点和题目，一个个从我耳朵旁边飘过去，就是没一个能落进耳朵里。我浑浑噩噩，早晚自习的时候，看着身边的学霸们站在楼道里拼命背书，我却连动一下的心思都没有。有时候看着窗外枯了的树，还会随便编个借口就请假出去玩。那个时候我的处境已经很艰难，排名一再跌落，强化班的老师看着我的排名表，一再摇头。我彻底成了万人唾弃的堕落者。

再接着我迎来了更严重的打击。高三下学期省内会组织五次考试。分别是市一诊、市二诊、省一诊、省二诊、甘青宁联考。我的成绩差到不能控制的地步。五次考试，我只有一次是上了五百分的，在我们学校，想考一个好的大学，最起码要考到五百六十分左右。

我捏着成绩单在外面的走廊里，书上的字怎么都看不进去，我能感觉到窗外渐渐复苏的春意，可我，感觉不到心脏的跳动。那里，就像是死寂了。班主任的心灵鸡汤一天换一句，我已经什么都听不进去。我能想到的唯一办法就是用学习麻痹自己。我想着能多看一个知识点，我就胜算更多一等。

我历史不好，老师讲的东西根本记不住，死记硬背再理解对我来说是个不错的办法，所以那三本历史书我来回背了六遍。我有八本数学笔记本，上面都是我写的笔记和错题。那段时间，我屏蔽了外界的一切干扰，哪怕前一天的省二诊成绩已经出来，而我只考了四百六十分，我也会趴在桌子上认真做题。

3

走读生对最后一节晚自习是否要上是有选择的权利的，我自己制作了一张在家里的时间表，舍弃掉了最后一节晚自习。每次回家的时候，爸妈都睡了。我把历史书从包里掏出来，在衣柜里找到妈妈最厚的棉衣，把自己裹得严严实实的，戴上口罩和围巾，然后拿上手电筒，去阳台背书。那个时候是冬天最冷的时候，路上的人都很少。阳台在二楼，是露天的，站上面能看见马路上的路灯。我经常独自享受着那一瞬的安静，然后对着天上的星星许愿。

"我一定会考上，一定。"这句话，是我对自己说过最多的话。却又常常会被黑暗里突然跳出来的小野猫吓一跳，然后捂着心脏在黑暗里转圈缓解恐惧。我差不多要背到十一点才回房间，回去了还要做高考真题。

最后一次高三大考，我还是翻身失败了。我在草稿纸上算着总分数，高三后第一次落下泪来。那个时候距离高考只剩下不到一个月。任何的后果我都不敢多想，我每天只能把自己放在题海里面，学得实在累了，就拿出桌子里自己写的小说看一两眼，

然后继续看书学习。人真正怕的时候，是来不及思索任何东西的。就像那个时候的我，连高考都是选择性遗忘的。

成绩下降，我很伤心，可我知道，这是我该得到的惩罚。有时候看着窗外绿意正浓的树，我会暗自落下泪来。人生会有那么多坎，我却偏在第一个坎就败下阵来。可我从没想过妥协，学到高考的前一刻。就是我不妥协最好的证明。

4

高考已经过去了好久，而我，在那场仪式里，成了一个不算成功也不算失败人。我没考到梦寐以求的北京外国语大学，却还是取得了一个不错的成绩。

背过书的阳台前两天因为开发被拆掉了，我再去的时候，已经变成了一堆废土。

我许过愿的星星却还是那么亮。和同行的女孩买过红薯和冰糖葫芦的摊位不知道去了哪里。曾让我难过了好久的好朋友问我是不是考上了外国语学校，我遗憾地告诉他我没有，却窃喜的是他替我记得我的梦想。

高三时做过的很多试卷，因为占地方，昨天被我妈拿出去卖了。我摸着上面还留有墨香味的字，百感交集。

我好像，什么都没得到，却又好像，什么都有了。

我从不后悔自己走的每一步，不后悔遇见的那些人。我曾读过一篇文章叫《高三，不相信传说》，文章作者是个女生，她说她从不相信，到了高三还天天打篮球、玩游戏、上课睡觉、三天打鱼两天晒网的人能考上大学，所以她用努力证明这些传说是不对的。

终有风许梦的前提是，不要相信传说。

如果全世界放弃你，你要做自己最后的信徒

❋ 梨吧啦

请你务必一而再，再而三，三而不竭，千次万次，毫不犹豫地救自己于人间水火。

"还有两个月就高考了，全都给我打起精神来！"班主任老刘站在讲台上，看着哈欠连天的我们，用力地砸下手中的保温杯，震得泡在水里的枸杞都洒了出来。

距离高考越来越近，老刘站在讲台上不厌其烦地给我们灌鸡汤、打鸡血，听得我耳朵都要起茧子，每天家里、教室、食堂三点一线的枯燥生活闷得我喘不上气来。更糟糕的是，我的成绩在这半年里开始莫名其妙地下滑，无论我怎么努力都无济于事。

老刘把我喊到办公室，将近几次月考排名表并排放在一起，长满了老茧的手指从我的名字上划过，连成一条扭曲下降的曲线。"我记得你以前还考过年级前十名的，现在怎么回事？不想读大学了是吧！"他瞪圆了眼睛怒视着我，恨铁不成钢地拍了拍桌面。我垂着眼睛不敢看他，只觉得疲惫不堪。他摇摇头，不再多说什么，挥挥手让我回去，却又在我即将关门之际叹息道："我对你真是太失望了！"

"失望"，这个词我不止一次听见了。自从成绩开始下滑，爸妈比我更紧张千万倍，对我的要求变得近乎苛刻。早晨天不亮就要被叫醒，顶着两个巨大的黑眼圈，拖着沉重得可以落到地上的眼袋在房间里念书。夜里放学回到家，他们也不再看电视，房子里任何一点可能会干扰我学习的声音都不允许出现，落针可闻的寂静仿佛一个无形的铁笼将我牢牢锁住，父母的希冀像是一只大手紧紧捂住我的口鼻，叫我既呼吸不上也无力反抗。可即使是这样，我的成绩仍然没有任何起色，甚至越来越差。再后来，爸妈就不管我了，他们愤怒地告诉我："你自己看着办吧，我们对你失望透顶！"

起先，我还会反驳他们，发誓要考出好成绩让他们看看。可我的日程表早已被安排得满满当当，我找不出任何一点空隙可以让我"更努力一点"。后来听得多了，我也就接受了。他们对我很失望，他们都要放弃我了，我还有什么坚持的必要呢？

于是，我在上课时呼呼大睡，回到家就开始打游戏，从前还只是稳步下降的成绩这会儿直接一落千丈。我清楚地看见，老刘和爸妈看我的眼神中更多出几分痛苦和厌恶来。"这就是你们放弃我的后果！"我恶狠狠地想，让他们一个个都说对我失望，这就是我报复他们的方法。

那时候食堂装修，我们的午饭由学校统一订购，放在教学楼楼下自己下去拿。同桌小周每天下课都要去楼下的小卖部买零食，回来时便会好心地将我的那份盒饭一起带给我。习惯了她的帮助后，我总是在下课铃一响就趴在桌上补觉，等小周回来叫醒我吃饭。

那天小周请假了，我却还是像往常一样倒头就睡，完全忘了拿盒饭这回事。直到听见一阵咕噜咕噜的肠鸣声，我才终于在饥饿中幽幽转醒。看着同学们吃饱喝足聚在一块儿聊天，我才恍然想起来今天没人帮我拿饭。

隔壁班的好朋友阳阳过来串门，就看见我趴在桌上，一副痛苦的模样。我向她说了原委，抱怨道："真是饿死我了！我感觉我能吃下一头牛！"

阳阳一脸好笑地看着我："活该你饿！没人帮你拿饭你就不吃了？如果你都对自己的事情不上心，还想指望谁帮你？你就饿着吧！"说完就头也不回地离开了。

我听见肚子又咕咕叫了一声。关门的声音并不重，却震得我的心不由得跟着颤了颤。我想到那份被遗忘的盒饭，在萧瑟的冷风中吹着，怎样运过来又怎样地被倒进垃圾桶。是啊，没人帮我拿饭，难道我

就要任由自己饿着吗？

高考在即，我分明知道老刘和父母说的都是气话，我分明知道该怎么做才是正确的，为什么要这样赌气地破罐子破摔呢？我度过这样辛苦的三年，难道甘心在最后关头轻言放弃？他们不信我也就罢了，可如果连我也不信任自己、连我也要放弃自己，那才是真正的无药可救啊！难道我真的如他们所说的那样糟糕吗？当然不是！我相信，我一定可以成功的！

如梦初醒，我狠狠地甩了甩脑袋，飞快地跑下楼买了面包充饥，下决心一定要做出改变。那天之后，我向老刘申请了住校。我主动去向其他同学请教学习方法，关掉了定在凌晨五点的闹钟，决心以更加饱满的状态去迎接新的晨曦。我果断地放弃了毫无意义的"题海战术"，拿出闲置已久的错题本，一题一题研究出错的原因。我也不再为了"自我感动"式的努力熬到两三点，而是制订更高效的计划，合理地分配时间……摸索到真正适合自己的学习策略后，成绩自然而然也慢慢回升了。

捧着心仪学校的录取通知书，我骄傲地想，果然，我还是很不错的，我对自己充满希望！老刘和爸妈看我的眼神，终于又带上了那久违的欣慰和认可。

六月的风牵着窗外的树枝翩翩起舞，透过白色的纱窗，斑驳的树影投射进房间里，在地板上自由地晃动着。我无比庆幸，在所有人都放弃我的时候，我仍然选择了相信自己。

我想起网上很火的一句话，"请你务必一而再，再而三，三而不竭，千次万次，毫不犹豫地救自己于人间水火"。哪怕全世界对你失望，你也该为自己加油鼓劲。哪怕全世界放弃你，你该是自己最后的信徒。

我用十年青春，换得高考大捷

*安 堇

> 高三那一年，我掌握的不仅是为高考准备的知识，更是那种临危不惧的心态。

六月二十四日，我生日。下午，我在电脑桌前，从两点坐到了三点三十三，一直颤抖。前几天我还是活蹦乱跳的，可真正到了揭晓成绩的那一刻，我心里是前所未有的忐忑。我在犹豫，是否现在便揭晓成绩。

终于手指颤抖着输入准考证号和身份证号，眼泪如滔滔江水喷涌而出，止也止不住。一旁看似淡定的老妈担心地问："考砸了？"我摇头，是前所未有的好成绩。

老妈说我是一个不曾历经沧桑的孩子，中考顺利升入重点院校，高考还发挥得这么好！老爸张罗着要订蛋糕邀请好友来家里好好庆祝，我则在一片喧嚣声中坐在桌边，静静写我十八岁的故事。

我相信我是那种幸运的孩子，中考时我超常发挥进了本市最好的高中，是别人传言"踏进二中就等于踏进了重点大学"的被神化了的高中。我在同学们或羡慕或嫉妒的目光中来到了二中，才知道二中不是神话。军训时打架的事发生过，谈恋爱的也有。

高中的我并没有改掉初中的毛病，一样的张扬、嘚瑟、耿直。我与小部分不学好的同学称兄道弟，难舍难分。作为回报，我的成绩急转直下，几乎与一本线平行。我以为我是高一，我叫新生，是小学妹，是可以张扬放纵的年纪，所以我有足够的时间挥霍。

幡然醒悟是在寒假前的期末考试后，班主任挥着成绩单，怒发冲冠，对着我破口大骂，全然不顾即将过年的喜悦。"你是这么学的？！你分班是第三名，你知道吗！你期末是第二十名，你看到成绩单了吗？一本线是33个，你是倒数的，倒数的！！我怀疑你中考作弊，否则你怎么会有那么好的名次！这下露出尾巴了吧！"

我愤怒，我一字一句回答他："我没作

弊，我从来不作弊。"从此我的日记本上印下了"作弊"的烙印，时时灼烧我的五脏六腑，唤醒我作为优等生的自尊。

拼搏的那一路是异常艰辛的，即将高二，压力与日俱增。我像饥饿的小狼遇上了大肥羊，紧紧咬住数学题。我渐渐啃完了高二数学选修课本及习题，心有余力又专攻高考题。我想借高考题一步一步地弥补完高一贪玩的后遗症，曾经的懒惰也烟消云散。但那个过程其实非常艰难，因为之前的知识几乎忘光，数学立体几何证明题我连公式都背不过，好在那时候自己咬牙不放弃，好在那时我有一个疼我的数学老师。其实数学老师一直教高二文科数学，面对高考题有时他也束手无策，但他陪我一次一次涉足，他牺牲休息时间，成全我的梦想。从高二开始，我每天清洗掉的垃圾袋里，是逐渐用完的笔芯，是写得满满的草稿纸，而不是各种零食、各色信笺。尽管开始了巨大转变，但成绩还是停滞不前，恰如其分地证明了"成家犹如针挑土，败家好似水推沙"投射在学习上的预言。

只是，没有退路，亦不想退却。我给自己制订了周密的学习计划，像一只贪婪的蚊子，想要榨干猎物的最后一滴鲜血，把时间压缩成分秒。上厕所用小跑，吃饭时狼吞虎咽。闲暇属于数学，课堂狂补英语。

有一段时间，我严重抑郁，对谁都不愿讲话，把自己埋在题海里，即便如此，成绩不进反退。还好，青春没有挥霍殆尽，输掉一部分后我幡然醒悟，奋起直追。还好那时候我有一颗勇敢坚韧的心，有一种"天下之大唯我独尊"的任性，有一种大无畏的不服输精神。总之，高二即将过完的时候，我也挤上了光荣榜，而且是全年级第三。此后便一直荣登榜单，十名甚至二十名不等，

但一直都在，持续到高三，高考。

庆幸高二时接触到众多高考题，高三时面对烟尘般无处不在的试卷，蚂蚁般密密麻麻的题目，写到手抽筋的文综题，我内心盈满淡然。高三的我固然有过成绩下滑的痛哭流涕，但我并没有一蹶不振、自怨自艾。令我最绝望的，不是高三，而是高二。曾经的委屈与误会汹涌而出，覆盖了整个高二，激励我如一头小兽，爆发出生命的潜能。

高三的我成绩上上下下，起起跌跌。诚然，命运终究不会一帆风顺。四月一次模拟考试，我的成绩跌至一本线边缘。也曾痛哭流涕，在老师面前哭得撕心裂肺不能自已；也曾苦闷彷徨，对着落日发呆，迎着细雨奔跑。只是那时候，并没有太多时间来多愁善感，悲伤过后照样拼搏，拿出更多时间精力投入到早已厌倦的学习生活中，用所有喜怒哀乐换得高考通过，一切悲欢离合全围绕高考展开。

高三那一年，我掌握的不仅是为高考准备的知识，更是那种临危不惧的心态。九个月冲刺高考，一二三轮复习磨光了所有的浮躁，烦琐的数学题也打败了坏脾气。终究是心中梦想的光芒指引着一切，所以我没在黎明前倒下，也终于等到了曙光浮现，旭日东起。

九月桂香阵阵飘的时节，你也会与高三亲密拥抱。初识她也许你不以为然，慢慢地你会看出她的狰狞。你做完综合题揉着酸痛的颈椎，你看着度数逐渐加深的眼镜吻上你的眼睛，你瞥见垃圾桶里堆积如山的笔芯和草稿纸，你在梦中与心仪的课外书挥手送别……别难过，没关系，我们都是这样长大的。高考是人生的一个转折，勇敢冲过去就是晴天。放平心态，迎接挑战。我在大学里等你。

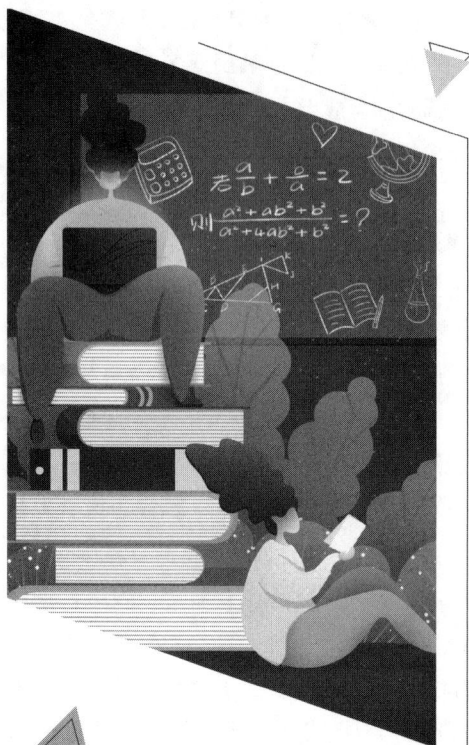

「烂笔头」的艺考之路

✻ 李天奇

> 每个人都有梦想，不要害怕做梦。

当从远方来的风荡漾我面前的湖水，我才发现，自己已经跟那段艺考奋斗的岁月相隔两年了。"烂笔头"，是艺考时老师赐予我的外号。她说，没想到那时毫不起眼的小胖子，有一天竟然能走出豫北，走向大城市，披上校园作家的外衣。

起初，我并没有打算选择艺考，高二分科时，我选了文科。作为一个对文字格外敏感的人，我对语文写作和文综兴趣较大。但因为对数学和英语不太感兴趣，很多时候即使我很努力地去保持语文和文综的优势，总体成绩也并不如意，甚至还会出现一个极有意思的现象——每当遇到数学或英语较难的考试（拉不开差距），我的成绩总能名列前茅。

这并不是什么值得炫耀的事情。尤其是看着日渐临近的高考倒计时，我感受到了某种无力感。在很长一段时间里，我对自己产生过怀疑，感觉自己不管怎么努力，都无法打破那层障碍。于是我开始害怕，害怕自己无法攻克眼前的困难，无法考入理想的学校，无法选择适合自己的专业。我也害怕当某天真考入大学之后，我会对高数不知所措。

我是那么害怕这两门科目啊！以致后来，因为它们，我甚至出现了厌学情绪。那时，仿佛有一块沉重的秤砣，压在我的心头，难寻解药。一天，在书桌的夹层里，我忽然看到了一张泛黄的艺考机构的宣传页。是的，我或许找到了属于自己的出路。

我怀着忐忑的心情，跟母亲一同去咨询了家附近的几家艺考机构，但因为已经临近高考了，许多机构的老师并不想收我。再加上我其貌不扬，谈吐又没有太多墨水，表演、声音也同样不占优势。后来，在朋友的介绍下，我最终选择了和他去同一家机构。

那家机构的老师十分温和，学习气氛

也很浓厚融洽。在此，我仿佛进到了新天地，学到了自己所热爱的专业知识。

编导，这是一个多么美妙的专业名字。作为一个从小就想成为作家的人，我不仅想通过文字让别人知道我的创作，还想通过图片、荧幕，将关于生活和社会的思考融入其中，然后创造出许多文以载道的故事。于是，我开始用心学了起来。

那段日子很苦，苦到经常晚上要熬夜到凌晨两点。机构离我家还很远，所以我常常需要早起。我记得当时在冬天，天气很冷，天色还没亮时，我就朝巷子中走去，唯有昏黄的路灯陪伴着我。我坐在路旁的长椅上，就着琥珀色的光，背文学常识和那些关于影视评论的技巧。那年的冬天很冷，在我背书时，常常会有雪花落在我的课本上。我的手指也经常被冻得不可屈伸，在茫茫的暮色中，文字是我坚持下来的唯一信念。

有人说，艺考简单。这是很长时间以来人们对艺考的偏见。我想说的是，没有亲身体验过长征的人，永远不知道翻越群山峻岭的艰辛；没有见过大海的人，永远不知道劈波斩浪的痛快。在攀登"编导"这座大山时，我像个被蒙住眼睛在河里走路的人，前方是光明还是黑暗，是成功还是失败，我顾不上那么多，也来不及思考那么多，坚定地走下去是我当时唯一的想法。我觉得，每个人都有梦想，不要害怕做梦。

我们省的编导考试是要考故事创作的，一直以来，它都是无数考生主要的丢分项。所以在模拟考试的时候，老师总会强调，一定要将故事创作放在第一位，因为创作的机会只有一次，这是我们花三年才能拥有的一次机会。

可能是起步晚的缘故，在故事创作的过程中，我常常有些力不从心。渐渐地，我变得不愿意与人交流，经常在课间坐在寒冷的阳台，望着老小区暗淡的路灯光，思考关于文学的事情。那段时间，我看了许多书，有东方的，有西方的，但让我记忆深刻的是史铁生的《我与地坛》。从中，我看到了视野之外的风景。同时也明白了，人生不过是一场属于自己的独幕剧，故事创作想要拿高分，就一定要出新，要创作出真正能够反映社会的，有灵魂、有内涵的作品。

那天，我花了很短的时间便写完了一篇文章。当我拿给艺考老师看时，他对我赞叹不已，要求我今后的作文都按照这个质量去写。于是，我开始研究自己的文章，也可以说，我是在研究史铁生，研究这样一位我从未见过，却与他灵魂交流过的人物。

在打磨文章的过程中，艺考也在一天天逼近。最后的日子里，同学们都在埋头苦学，所有人都在最爱玩的年纪里展现出了自己最专注的一面，我也是如此。在情绪不断濒临崩溃时，我总是告诉自己，坚持下去，再坚持一点点，山重水复时，总会柳暗花明的。

终于，在风和日丽的一天，我怀着志忐的心情走进考场，看到了在我梦里曾无数次出现过的考卷。我趴在桌子上，奋笔疾书，写下了一篇透过死亡去看人世情谊的故事。

过了好长一段时间，经过漫长的等待，成绩放榜的消息突然打破了我的生活。我考了有史以来的最高分，全省排600多名，这意味着我有大学上了。老师肯定地说，一定是因为文章写出了高分。究竟有多高分呢？我也不清楚。或许，我应该感谢那位评卷老师。

在高考后的日子里，我彻底静下心来进行创作，还加入了作协，在许多刊物上发表了自己的作品。我明白，这些不是成长的结束，只是人生新的开始，而这段努力拼搏的时光，也让我变得越来越坚强……

当高三陷入黑暗，请选择与它对酌

*夏秋祺

如果你的高三跟我一样黑暗，不要像我一样逃避，请勇敢直视它，与它对酌。

曾经高三的我非常厌恶学校里的高三动员大会、100天冲刺宣誓等活动，觉得这种形式主义只会浪费时间，消弭不掉我内心无论怎么努力都没有起色的煎熬。

我每逢月假就去书店买新的练习册，逛到杂志那一片，随手翻着登在期刊上已经上岸的学长学姐们写的文章，无一例外写着他们不服输的努力以及最后取得的成功，那时的我觉得这就是在给我灌着一碗又一碗无用的鸡汤，让我相信"天道酬勤"，相信"你我就是黑马"，但从不会让我的名字在新一次联考中前进几名。

备战高三前，我剪掉了留了两年的长发，不再想着如何祛痘，不再想着换季的时候校服外套下搭配什么衣服，不再去考虑吃什么饭或零食，只想着一楼的食堂最近，开袋即食的面包最方便。

我推开我的饭搭子朋友，中午十二点半下课，我却要留到快五十才急匆匆地跑回寝室；为了省时间，一周至少吃四天泡面；借着上铺的优势，中午不睡觉刷数学题……有的时候吃饭太急噎得慌，有的时候想活动下僵硬的身子但又怕吵到舍友睡觉，自己难受又委屈，掉几滴"我这是为了什么啊"的眼泪就又拿起笔奋战了。一个小时的午休我通常只小憩最后二十分钟，然后第一个下床收拾泡面残骸赶往教室。

我记得之前我有个专业课作业，要问朋友对自己最深的印象，我的一个朋友跟我说："你高三时下课从来不上厕所，永远在座位上学习。"没错，高三除了吃饭时间和放学时间我从来不离开我的位子，在吵闹的教室里能专心学多久呢？可我认为下课多写几道选择题我就赚到了。

语文老师跟我说"要调整好状态，这次作文又有点跑题"，我失望地应着声，把一篇作文写了 2.0 甚至 3.0 版；数学老师跟我说"不要只刷题，前期你能考好但后期很吃亏"，我低着头不说话，晚饭时一边啃着苹果一边继续做题；班主任跟我说"我知道你很有主见，但说白了就是轴，不要把自己逼那么狠"，我点点头但还是按照我的计划坚持着。

我高三基本都选在最后一排靠过道的位置，老师看不到我偷偷写自己的题，同桌也不需要我起身给他让座，跑去食堂吃饭不会被行人挡住道路，也不怕别人看到自己拼命学习被嘲笑"卷王"，不用担心被说坐在我身边透不过气来。

我关过教室里好多次的灯，听过好多次晚归时的催促，忽视过好多注视我的异样目光，吞下过很多怀疑自我害怕未来的苦楚，安慰过身边很多袒露情绪的朋友。但我却是踽踽独行着往前爬，因为那时的我觉得自己不配去诉说。我手一挡，自建城墙，拘自己在这狭小看不到光的一方。

到了高三后期大家都定了 211 或 985 的目标院校，而我只在一遍又一遍地祈求自己能去到北京的一个本科学校，因为那时的我有一个信仰在北京，我的笔记本封面，我的日记本内页，我的桌面小摆件，全写着："北京！北京！"所有人都跟我说去北京不现实，可没有人知道那个信仰在高三无数黑暗的日子里救赎了我多少次。

后来我有一个黑色三月，成绩步步下滑，和好朋友吵架，精神崩溃到极点；我还有个焦躁五月，整晚做着梦导致白天精神内耗，担心自己考不上学校。但故事的结尾是什么呢？是七号下午数学考完哭声一片的考场，也是九号下午生物考完欢呼声此起彼伏的校园。我把书全搬回了很久没回去的家，别人问我为什么要费这个劲啊，我笑笑不说话，因为只有它们才知道我是

多么不甘平庸啊。

25 日早上六点父母叫醒还在睡梦中的我，我淡定地查完了成绩，分值很普通但排名很养眼。我的高考成绩换来了学校墙外的荣誉，换来了父母炫耀的底气，换来了朋友的祝贺，换来了一个 211 文凭。

我想起去年有次放假，只有我一个人留在教室伏案做着高考真题卷，心里满是对未来最纯真的憧憬。当时的我也没有想到，最后自己没有走上任何一条曾经幻想过的道路，而是去了一个在填报志愿时才知道的理工科大学；没有去心心念念的北京，而是去了南京，并且越来越不知道自己想要的未来是什么样的。

即使现在我还是会迷茫感伤，但我不后悔自己所做的任何选择。我喜欢把人生掌握在自己手中的感觉，所以我会在这个全新的状态下摸索到我的人生方向。

请你现在一定要坚持下去，不要觉得我是"站着说话不腰疼"。我知道很笨拙的"题海战术"不是没用的，它会给你带来安全感；坚持下来的"学习计划"不是浪费时间，它会让你期待着成为那个高考"幸存者"；每一年的高考题只会淘汰那些抱怨时运不济考不好的人，但不会辜负迎着逆流追逐光的人。

我的高三陷入过黑暗，我的自尊跌落至谷底，但我还是打破了桎梏，我骄傲的自尊心和超出强人的毅力让我顺利上了岸。如果你能从我的文字里找到跟我同频共振的节拍，并坚定地走下去，那么请你相信今年许下的愿望明年一定有希望实现。

最后送给你我高三最喜欢的一句话，也是实践出真知的一句话："那些看似不起波澜的日复一日，会在后来的某天让你看到坚持的意义。"

我今年看到了，希望明年的你也是。

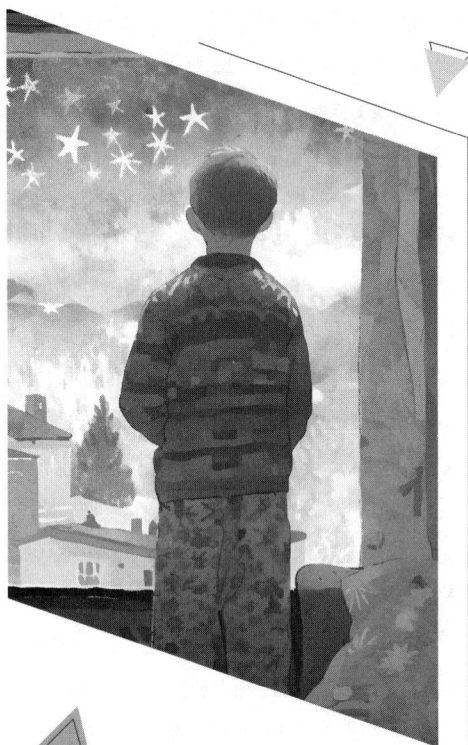

高考前后

✳

刘旭

回过头来看，不觉得苦，反而觉得那种毫无保障、孤注一掷的豪迈，此生大约是再也没有了。

我时常会想起那个上午。课间操改成了高考倒计时百日誓师大会，全体高三学生从书本中抽离，眼睛明亮，神色出奇一致，端望着主席台，听着面色凝重的教导主任讲话。讲的东西于主任而言，早已重复多年，倒背如流，老生常谈。可对我们来说，那些加油打气的话是饱含力量的。我们单手握拳，满目虔诚，念着誓言。稚嫩喑哑的声音回荡于空，四周大红色的横幅迎风招展，"宁可头破血流，也要冲进名校大楼""此时打盹，你将做梦；此刻学习，你将圆梦"之类的话语在风中飘着。鲍勃·迪伦有一首经典之作，叫《答案在风中飘扬》，而那时，风中飘着的，正是我们的答案。

但高考之后的选择，似乎就没什么标准答案了，在可参考的那一栏中，标注的都是大大的"略"，里面蕴藏着可供阐释的无限可能性。誓师大会后，老师给每个人发了本书，那本书很厚实，是对考后生活规划的注脚。书上密密麻麻地写满了大学的名称和代码，像早先时代留下的电话簿或者邮政编码册。

那段时间，除上课做题跑操外，我最上心的事儿，就是翻书，扒拉那些陌生的数字，寻觅心仪的学校，试图从中窥见未来。信息闭塞的时候，这么做，显然是针不错的宽慰剂和强心剂。有的时候，复习到乏累，想放空自己的时候，就对着那册子看。不只是我这么做，很多同窗也都如此，饭后、午休前、洗澡后都整齐划一地捧着本高校指南，心里幻想着，嘴里也同步叨咕着，城市、风景、专业以及未来。

当时的职业梦里，我想当记者。于是笃定心思，决意要考传媒。所以指南里有关中国传媒大学的那个条目，被我涂上了重重的水彩笔，像画的考前重点似的，那页纸也因为久翻而变得又薄又软。但现实里，成绩却时不时地波动一下，所以，我也谨慎地调整目标，试问自己可以接受的最差劲的结果是什么。当心里预期的上限和下限都明晰过后，高考也就真的没那么可畏惧的了。之后就是按部就班地完成考试。住校的我小心翼翼地吃早午饭，生怕拉肚子；考场上，也谨慎地阅卷审题，最后再落笔。考试没什么大波折，两天，四个科目，如往常一样，在燥热的天气中平稳度过。身处异地的父母反倒是忧心忡忡，在电话里千叮咛万嘱咐，他们的焦虑心绪恨不得挈着电话线袭至我身边。我心里寻思着，似乎在这个问题上，我比父母更沉稳老练。当然，这是笑谈。

出了考场，返回学校，横幅依旧在，只是在烈日中打了蔫儿。学校往常的低气压被轻启，有人说笑打闹，也有人奔向球场，在夕阳的余晖里投出高中的最后一球。我去人流瞬间稀少了的商店买了瓶冰水，立在肃穆的教学楼前，木讷地喝了几口，冰碴划过嗓子的时候，那股沁凉才让我清醒过来，三年就这么过去了。没有青春片里轰轰烈烈的场景，也没有见证如同末世的疯狂。走廊里，大家只是相互微笑、致意，然后各自拾掇好物件，捧着厚厚的报考指南，等待下一个做选择的时刻。

出成绩那天凌晨，电话铃将我闹醒，是我的好朋友。他言简意赅，说，成绩出了，快查。我打开电脑，分数显现出来，看到的刹那，我挥了挥拳，然后把电话拨给了父母。他们的声音本来带着迷糊，但听我讲完，似乎也精神起来了。挂掉电话，我翻开报考指南，在又薄又软的那一页画了个钩儿。后来，我如愿去了选中的大学。但当时凭感觉报考的专业和记者似乎并没什么紧密联系，每天学习的课程也都集中在广告领域，专业术语

的轰炸，时不时令我感到虚无，冷不丁就会产生一种落差感。于是在念大学的前两年，每到高考季，我就会不由自主地想到从前的日子。时不时还会凑热闹，看看高考作文题目，答一答文科综合的试卷。倒也不是后悔，或许只是念旧，怀恋那种感觉罢了。

如今关于高考的记忆已渐渐斑驳了，对于考后的那一系列选择，慢慢也都释然了。细细想来，那时的选择还是很纯粹的，不必战战兢兢，也不必过多考虑试错成本，无论是悲怆、欢愉、遗憾，还是狂喜，都来得格外直接和自然。等大学毕了业，蓦然发现，高考更像是个起跳点，凭着股莽劲儿一跃而上，跳入层层关卡，而真正意义上的选择和挑战，才刚刚开始。

当初凭借那本指南所做的抉择可能在日后看来也是盲目的，刚成年的时候认为最正确的那个方向，或许也不过是慌乱后透出的第一缕光亮。但那些都不重要，大胆尝试，一约既定，万山无阻。其实每个人生节点，也都与高考相似，只要遵从本心的选择，一往无前便是了，未知的路，哪条都蛮精彩的。看过周浩的一部纪录片，就叫《高三》，画面粗糙，声音嘈杂，但极为真诚，每次看，都像是在观照自己，感触良多。片里有同样的练习题，同样的广播体操和同样的主任激昂讲话。似乎在那个年龄段儿，各处都是同质的。刷豆瓣的时候，看到有个评论，写的是："回过头来看，不觉得苦，反而觉得那种毫无保障、孤注一掷的豪迈，此生大约是再也没有了。"我心里跟着紧了一下，深以为然。原来那段日子，无论多大年纪，身处何处，都是颇有共情的。

在高考完匆匆作别朝暮而处的物事后，我们做出一个又一个的选择，这些选择的终点是未知，而正因为未知，才精彩。

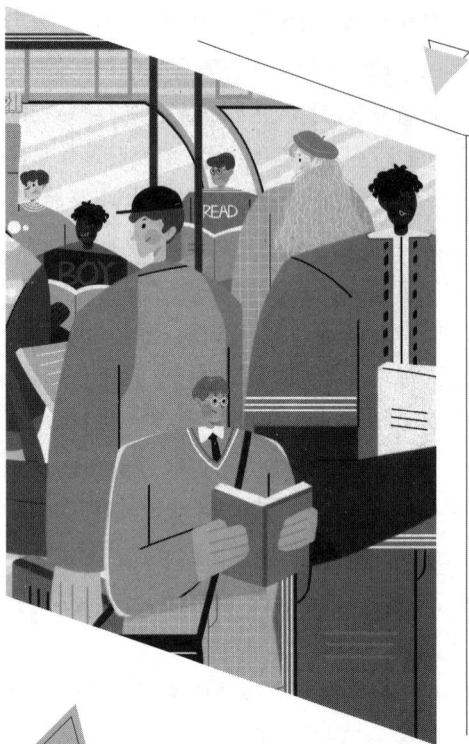

不为人知的光辉岁月

❋ 自由的车厘子

世上没有真正的绝望，只有被思想困住的囚徒。

以前我总觉得"高三"这个名词充满神圣感，光想想，就觉得全身上下充满了力量，迫不及待想要大干一场，书写属于自己的高三神话。然而，我忘记了，高三一直是残忍的，一天又一天重复，冲刷了"高三"这个名词身上迷惑人心的光芒，也消磨了我的激情。随着新鲜感、神秘感的日益稀薄，高三逐渐露出了它的本色——荒凉的，灰暗的。

有句话说，高三只适合回忆，不适合重来。确实如此，我想，应该没有人愿意回到高三吧。堆成山的试卷，响得越来越早的闹钟，老师和家长们的耳提面命，一场接一场的周测与模考……所有的这些都让我们身心俱疲，更别提考砸后歇斯底里的崩溃，以及愈发焦虑的未来。这样看来，高三的基调就是无尽的痛苦。

高三开始之初，我将其定义为过渡期，这时候我们的成绩并不会出现太大的波动。然而在过渡期之后，我的成绩就出现一种漂浮式下降，说漂浮是因为它不像断崖式那样猛烈，但就是它的不确定性让我感到无力，我似乎永远也抓不住它，这种难受是百爪挠心的。

因为高三班级重组，对于新环境的担忧、焦虑我都有。新班主任委婉地说我现在的成绩是班级倒数的，我的数学老师，也是我以前的班主任，眼神中也流露失望……高三带来的无力感早已一点一点地攀缠上我，我喘不过气来。

我应该是比以前更努力学习了，无论在什么处境，我一直是自傲的，我不相信自己学不好，但也是这种自傲让我走了一段弯路。试卷要做，习题要练，知识点要背，我什么都想做好，但太盲目了，像无头苍蝇一样，其实不知道怎么做，但知道不能停下。

没有正确合理的学习方法，注定没有多大成果。不知过了多久，我终于隐隐约约意识到方法这个东西，我开始重视老师教授的方法，然后去模仿，研究高考真题的答题思路，模仿答案的书写，总结相同的题型，但哪有那么容易，改变的过程必然是漫长的。

高三上学期，我的成绩依然没有起色，怎么会不焦虑呢？只剩一个学期了。

寒假过后，二轮复习马不停蹄地开始了，老师们总是喜欢一次一次重复地给我们做时间减法，仿佛是想传播焦虑一般。那时候，我还没有从一轮复习中缓过来，我害怕，焦虑，恐慌，觉得自己并没有从一轮复习中夯实基础。情绪化几乎伴随我高三最后几个月。

我开始睡不着觉，中午根本闭不上眼，然后是无边的烦躁，最后只能无能地生气。我一次又一次地从睡不着的崩溃中坐起身来，气愤地拽自己的头发，埋在膝间，没有办法出声，只能在心里

呼喊，眼睛又酸又涩，想大哭一场。

后来，我晚上也开始睡不着了，日复一日，疲惫感几乎将我拖垮，感觉胸腔中积郁了一股气，让我整日打不起精神。终于，我去校医室了，我无法描述我的感受，校医只是简单地把我归到高三焦虑那一类，手法熟练地开了一堆药，像对待很多个来这里的高三生一样。

高三从来不等人，我没有办法停下学习，百日誓师之后，苦学之风逐渐席卷整个高三，支撑我走下去的，是写了一整个高三的"想做的事"，以及我的摘抄本，我是个感性的人，所以这些能让我得以稍稍喘息。于是，我又一步一步向前了，总归不过三个月了。

我比以前更努力了。早上的闹钟一响马上起床，大脑早已进入备战状态，眼睛睁开的瞬间，意识也已开始清醒地背知识点。我不爱吃的能噎死人的食堂包子，也不知不觉陪伴了我整个高三，早上的面包和桌面的知识点是高三的独家配方。

就这样，二轮复习也过去了，三轮开始不停地刷题，从早到晚，我中午和晚上习惯了最后才走，曾经差点被关在教学楼，现在想想，真是又尴尬又好笑。我无数次问自己，现在算努力了吗？好像没有，早到晚退的人大把，路上同学的闲聊变成了讨论题目和知识点的抽背，

挑灯夜读的人更是不在少数。

许久未见的朋友说，他们宿舍有好多人四点起床在厕所背书。我想，我是万万做不到的。那一刻我是什么感觉呢？像是被某种东西一把拖到了海底，窒息感让我呼吸困难。焦虑，这种情绪又开始肆无忌惮地外泄。

我是怎么对抗焦虑的呢？事实上，我从未摆脱过焦虑。我是一个抗压能力很差的人，也为此吃了不少苦，可是我做不到无视身边人的努力。那怎么办呢？谁敢停下来呢？短暂的颓丧已是奢侈。有那么一瞬间，我明白了他们为什么说坚持不难，难的是放弃。是啊，走了那么远的路，寒窗苦读十余载，吃了多少苦只有自己清楚，谁舍得放弃，谁又敢放弃呢？

三个月，其实一点也不长，嘴上说着有多苦，最后也这样走过来了。

我没有像自己之前想的那样创造奇迹。我的数学依旧上不去，高三再也没上过一百二十分，我应该是恨数学的，恨它带给我的百爪挠心。地理依旧难学，经常不及格，后来好些了，能考六七十了，排名的话，最好的考过年级第九，最差也不过六十几了。其实我现在写下这些衡量我的努力是否有效的成绩时，内心没有一点波澜，我觉得成绩不足以量化我的高三，让我记忆更深刻的还是那普通平凡且重复了三个多月的努力。

百日誓师那天，我有想过，一百天

之后的我是怎么样的，是不是可以自信地走进高考的考场。而高考那两天，我其实也并不从容，只是平静，远没有中考来得紧张。就这样，2023 年 6 月 8 号下午，我的高中岁月正式落下帷幕了。那是一种说不出来的感动。

我很感谢自己，纵使我的高中并不圆满，但我知道，走到现在，到底有多不容易。谢谢自己坚持到了今天。

为什么说高三适合回忆？因为未来的你把这段已经回不去的日子美化了，把无限小的美好放大，渗出丝丝缕缕的甜来。

我曾听闻，"要成为什么样的人本身就是一个很长的命题"。确实如此，我至今也不知道自己以后真正想干什么，但这不必着急不是吗，不必着急决定你的以后，就一步一步走下去，看似毫无目的其实又是曲径通幽。在此，我想借用我很喜欢的一句话来与各位高三生共勉："世上没有真正的绝望，只有被思想困住的囚徒。"希望我们都能做"横冲直撞的玫瑰"，成为更有力量的人。我为你们祝愿，祝愿你们风光无限。

我最后高考考了 638 分，这已经是我整个高中生涯最好的一次成绩了。数学 129 分，没有实现我 130 分的宏愿，有点遗憾，但总归还是很高兴。现在我已经是中山大学的一名学生，开始了新的旅程。谨以此篇，纪念我的高三岁月，也是独属于我的光辉岁月。

我曾经拥有过一段沉默且深刻的时光，在那些无法开口的日子里，我企图拼命救自己于水火之中。在那些破碎不堪的日子里，我试图找一个突破口去展开我的故事，可我恍惚了一下，没想到有一天，我可以从一个旁观者的视角，来讲述这些"开在苦难里的花"。

和大多数人的高中生活一样，我的也是无味的，枯燥的。我找不到一些带有色彩和生机的词语去点缀它。闭上眼睛去回想那些日子，像做梦一样，一帧一帧在我的脑海中闪过。每天过着机械重复的生活，被安排好的时间，被禁锢的思想。我很少停下来去问问自己这样做的目的，好像做这些是一件理所当然的事情。大家都在做，所以，我也跟着做。后来我才发现，原来很多人都早已在这个人云亦云的时代丢失了自己。在高三即将外出集训时，我迫不及待地想要逃离这里，逃离这样的制度，逃离这样的生活……

我来到一个新的环境，开始一段新的生活。我结交新朋友，认识新老师。在梦想启航的地方，我每天拿起画笔，好像我描绘的并不是画，而是对未来的美好憧憬。我满脑子都是每个人物的比例是不是准确，每个物体的形体准不准，如何把画面画得更好一些……虽然在这里也过着重复的生活，但我很开心，因为我在追求我想要的东西。我觉得只要我肯下功夫，踏踏实实地走好每一步，每天进步一点点，就会离梦想越来越近。好在，这样坚持了两个月，我的进步很大，也一跃进入了最好的班级。我以为这样好的态势会一直保持下去，但我没想到进入好的班级换来的是我的自卑。

我从未想过现实可以很轻易地毁掉一个人的底气、骄傲和自信，甚至是一个人

我知道那些夏天，就像青春一样回不来

✳ 吃不饱

我爱这盘根错节的斑驳岁月，我爱我缓慢向上的勇气。

的一腔热爱。或者说，18岁之前的我从未经历过如此严重的打击。我不得不承认，有些人在画画方面是有天赋的，甚至在很早之前，我也觉得自己有这些天赋，但是当我来到一个更广阔的世界，我想，井底之蛙也不过如此吧。

这是我第一次在自己喜欢的事情上想要退缩了。实现梦想的过程从来都不是轻轻松松的，我们要打败很多很多迷茫、委屈、软弱，随时要给自己打气加油，管住那个想退缩的自己。后来我没有再去抱怨天赋这种没有意义的东西了，我努力坚持，成绩终于有了好转。但是快到联考时，疫情肆虐，对于我们这些一直靠意念支撑每一天的艺术生无疑是严重的打击。大难临头，各地的学生拖着疲劳的身体，背着沉重的画具回到家里上网课。我抬头看了一眼天空，是如此的黑暗，望不到一颗星星，亦如我的前途，一片迷茫。

网课从来不意味着放松，而是没有硝烟的、更激烈的战争。在这场没有硝烟的战争里，我甚至可以用苟延残喘这样的词语去形容它。我已经找不到坚持下去的意义了，可在家上网课时，我总是看到妈妈每天准时起来给我准备好早餐，小心翼翼地询问我要不要吃水果。为了确保我能顺利参加联考，每天带我出去做核酸。但关于我的心事，我从来不敢在妈妈面前开口。因为我知道，妈妈只能着急，但是妈妈帮不上忙。

那些汹涌的浪潮裹挟着我们前进，一如这悠长路程中遭遇的困难、受到的挫折、留下的伤痕，但也正是那些曾伤害过我们的事，在漫长的黑暗里，在我们以为再也醒不来的某个瞬间，叫嚣着唤醒了沉睡的灵魂。所以就算是为了最爱我的家人，这场仗，我也必须打赢。

即便是推迟的联考，该来的终究是会来的。坐在考场的那一刻，我的内心毫无波澜。因为我知道，我已经坚持到了这一步，无论结果如何，我都是最棒的。联考完的那个下午，我终于解放了，无数个睡不踏实的日日夜夜，无数个崩溃的哭到不能自己的瞬间，都可以告一段落了。我终于可以安安稳稳地睡一个好觉了。

休息几天后，我又要面临枯燥无味的文化课了。回想起这半年，我可能失去了很多东西，但此刻的我拥有一颗强大的内心。我很庆幸能够有这样一次再见到高中熟悉同学的机会，他们依旧是他们。只不过，我不在的这半年时间里，他们和我过着一样艰难、时时刻刻需要给自己做好心理建设的日子。

后来我发现，高考其实并不是人生的必经之路，而那些拼命努力，找寻自己理想的日子，那些拼搏着让生活变得闪闪发光的日子，才是人生的必经之路。在回去冲刺文化课的阶段，缺席的半年课程，终究是要一点一点补回来的。如果说回来我缺少了什么，我只能说：自信。自信是一个人身上最重要的东西，但是我在一次又一次否定自己的过程中弄丢了它。我很抱歉，没有了它以后，我从未追上过曾经闪闪发光的自己。

后来在看到班主任眼里对我的失望时，我想，就这样吧。即便文化课成绩回不到从前的水平，加上统考成绩，也能走一个不错的大学了。这样每天反复地努力背书、刷题，我太累了。当听班里同学提起我之前的成绩时，我如同审视一个陌生人一样回忆着过去的自己，我才明白，人是不会一直优秀的。

时间过得飞快，快得让我们这些高三生们不知所措。百日誓师大会还是来了，这个大会上具体讲了什么我记不太清了。但我记得那个老师说的一句话："不要满足于你现在的成绩，要把眼光放得更长远些。"这句话直接点醒了我。对啊，如果我能考一个很好的本科的话，那我为什么不试一试211大学呢？如果我能考一个211大学的话，那我为什么不拼命试一试985大学呢？为什么不打破自己的极限呢？或者我更想说的是，为什么不打破那些在艺术生身上的偏见呢？

或许在别人眼里，选择艺术是一条很轻松的道路，艺术生都是不好好学习的人，早早地脱离学校，先迈上了去看看外面世界的道路。面对这些，我总是有一种想反驳却无力的感觉。不是所有的艺术生都是这样的，他们是一群热爱艺术的小孩，是怀揣着梦想的勇士。他们只是比同龄人提前一步为自己做出了职业规划，为什么在这些人眼里却是不务正业？

从那以后，我不再在乎别人对我的任何看法，曾经我觉得别人的看法对我很重要，我总是拼了命地去保持我在他们眼中的完美人设。我一直在想到底是什么禁锢了我，原来是别人眼中的我。或者说，在千千万万的高考生中，或多或少都有人在这些被麻痹的日子里丢失了自己最初的热爱和坚持。我们马不停歇地赶路，等回头一看，这些路被我们自己走得歪歪扭扭，甚至已经找不到回去的方向了。

在那剩下的最后的一百天里，我似乎不认为这种日子是机械的，重复的，枯燥的，无味的了。每一天都有它存在的意义。昨天的意义是背过了一篇英语范文，今天的意义是弄懂了一道数学题，后天的意义是额外做了一套历史试卷……不要觉得一百天了就不能改变什么，哪怕距离高考只剩十天，一切都在自己掌握之中。人生这本书，作者是我们自己。我可以在我的高三生活里肆意挥霍，而那些浪费了的时间我也丝毫不在意。时间存在，就永远会有它存在的意义。

高考完，也是一个平平常常的下午。我没有像幻想中那样提前五分钟放下手中的笔，抬头看向阳光正好的窗外，然后在心里感叹一声：终于都结束了……我只是在抓紧每一分每一秒的时间去检查试卷。因为我知道，铃声响起的那一刻，就真的都结束了。这是我们滚烫青春里最沸腾的一章。很喜欢《安和桥》里面的一句歌词："我知道那些夏天，就像青春一样回不来。"人不能同时拥有青春和对青春的感受，对我来说，那样的夏天和青春，都回不来了。

我真的如愿考上了一所985的学校，或许在别人眼里这是我应该有的成绩。但只有我自己知道，如果当初的我再松懈一点，都不会有这样的结果。看吧，上天自有上天的安排，而一切，都是最好的安排。我很感激一年前那个努力坚持的小孩，如果不是她，就不会有现在的自己。回首我走过的那些坎坷且不堪的漫长路程，我想起一句话："我爱这盘根错节的斑驳岁月，我爱我缓慢向上的勇气。"

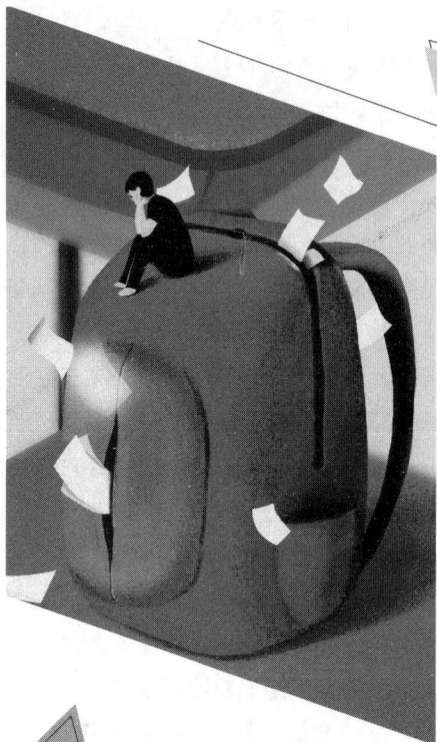

亲爱的，
你依旧是蝴蝶

✳柑橘子

你想飞多高便飞多高，你只管欣赏凭自己努力得来的风景。

前些天我突然看到高中微信公众号的更新消息，内容是高考誓师大会。我好奇地点了进去，里面的文字、图片不禁使我的心颤了一下。我突然想起三百多天前，我也正穿着校服，弓着身子在课桌上写作业，为各科成绩发愁。

我不算是一个聪明的小孩，唯一能比得过别人的便是我肯比别人多下些功夫。

可是，在我的印象中老师更喜欢的是那些天赋异禀的学生，而像我这种说很差也差不到哪去，说很好也好不到哪去的学生，在班级里就是一个透明人，像还未破茧的幼虫，自卑到了深谷，羡慕着飞舞着的色彩艳丽的蝴蝶，妄想自己也能爬到高处欣赏美丽的风景。

但我始终相信我会破蛹而出。

刚进入高三时，学校举行高三动员大会。那是一个浓郁的盛夏，蝉鸣声在空中回响，教室里的电风扇哗哗地转，墙上已经挂上了标红的高考倒计时。

高三学子聚集在广场参加高三动员大会，这也暗示着我们真正成为高三的一员。

我仍然记得当时结束动员大会，回到教室后内心的孤寂感。我的课桌上放着一本朋友递来的讲述各种高考经历的杂志，不经意间我瞥到一句话："就算最后的结果不如意，你依旧是你，蝴蝶依然会破茧而出，只是不同的蝴蝶拥有不同的色彩，你依旧会有属于自己的花园。"

我悄悄地在日记本上写下了那句话，它鼓励自卑无助的我度过了整个高三。

高三，好像真的像高一时老师跟我们所说的那样：每天有做不完的试卷，写不完的作业，三天一小考，两天一大考，你一抬头距离高考就还有不到百天。

时间就在我思考高三每天的安排时悄悄流逝了，可我却还是一只灰头土脸的毛毛虫。

不久后我们迎来了一模，老师说这是真正检验我们能力的考试。想不起我当时是否自信，只记得我在毫无波澜地答题，幻想在几十天后，我将会坐在高考考场里，经历一次一模一样的考试。

考场上我虽然没有任何慌张，可是成绩出来后我却濒临崩溃。我连五百分都没考到，我不懂当时对我来说打击有多大，只知道我很泄气，一下子把试卷都塞到桌子底，看着桌子上的练习题发呆。

朋友跟我说："没关系的！一次模考而已。"

我也知道这没关系，可墙上挂着的倒计时一天一天变换着，一次又一次的模考过去了，我的压力也随之增大。

我的弱科依旧是文综，从高二一直到高三，甚至到高考它依旧是我所有科目里最差的一科。

老师也知道文综是高考成绩的大头，于是每周末都会安排我们进行一次文综考试。当我拿起笔，不停在文综试卷上勾勾画画时，我是慌张的，害怕的，无助又迷茫的，我害怕动笔，因为只要勾选了所有选项，写完了每个大题，成绩其实已经定下来了，而我却不敢面对。

高三的我最怕这一念之间的决定，这一决定丢的或许是三分，或许是五分，或许是十分。

想起高中时有一个"大神"，每次考试都很容易地考到全校第一，文综题没答完仍然有二百二十多分，当我看着自己写得满当当的文综答题卡却只有一百八十多分，焦虑与不安马上席卷全身。

二百二十分，对于刚接触文科综合卷的我们无疑是相当不错的分数，我的自卑在对比中愈发明显。我像还没破茧的蝴蝶一般，想要逃避，退却，蜷缩在自己的蛹中，害怕面对每一次文综的小考成绩。

老师或许是发现了什么，在班上对我们说："最后的关键时刻大家要善于问问题，你不要害怕难题、错题，而要直面迎击它。"

或许是老师的鼓励，以及高考越来越临近的缘故，我开始振作起来，尝试一点一点接受自己的文综成绩。

地理选择题错了七个？没事，好好攻克！历史才五十多分？没事，一点一点背书，做错题本！政治大题总是扣很多分？没事，多梳理梳理思维导图。

我犹豫着主动拿起错题与老师商讨答案，听取老师的建议。

那段和文综较量的日子是痛苦的，可现在回想起来，我却觉得无比幸福。我享受下午最后一节课结束后跑操时脑子里回想着政治每个单元大题的要点的时光，享受晚自习和地理老师讨论垄地的作用的时光，享受每天回顾每本历史书的内容和每次考试过后做错题本的时光。

那时每个人都在与自己的弱科较量，像一个固执的小孩踢皮球，虽然知道很难却始终不肯放弃，因为他知道，只有踢好了皮球，才能自信地对他的朋友们说："看！我也很厉害！"

高三后期，许多学生会在晚上熄灯后打开台灯背书，所有人好像都抛下了以往的稚气，意识到高考是件很重要的事。每逢下课，讲台上便围满了问问题的学生，他们问的不仅仅是题目，还是通往未来的路。而我也沉下心来仔细分析每一次考试的错题，圈圈画画，不停地向老师同学请教，每天早起在教室中背书，恨不得把知识点印在脑子里。

高三于我而言是痛苦的，我会焦虑，会怀疑，会因为各种考试焦虑得胃痛，掉眼泪。我像一只将要破茧的蝴蝶一般，悄悄凿开一个小洞，观察外面的世界，却担心自己的颜色不够鲜艳。

时间返回到高考前两天，我们开始清空教室中的课本，布置考场。候考室是教室楼下的一个置物间。坐在这个置物间中，大家像往常一样复习备考，翻看各种试卷，老师不再讲课，只是静静地看着我们。

我的心中有一股难以言喻的酸楚，看着窗外沙沙摇摆着的树木，我不禁想：这一切真的要结束了吗？

当我们一个一个走出教室门，跳起来顶那门上悬挂的粽子时，当我拿着一个最红的苹果端端正正地摆在孔子像面前时，当我开始打电话和爸妈商量高考后的回家时间时，我就知道这一切将要结束了。

坐在高考考场上，我注视着墙上的时钟，时间仿佛回到了一模那天。这就是我一直期待的高考？真的像平常任何一次模考一样，只是被赋予了特殊的意义。

高考后是异常的轻松和孤寂，我总是会回想起每天晚上写卷子，写文综题的时候，想起我们默写语文古诗文的时候，想起体育课后漫步在龙川亭的时候，想起考语文前语文老师亲切的笑容，想起考数学前数学老师自信地看着我们，鼓励我们：加油！

没有人生来天赋异禀，谁又知道当初我们学校的那位大神是否从小就养成了读书思考的学习习惯，在无数个我们看不到的日夜里暗自努力呢？所有的蛹在破茧前都会在自己的茧里为破茧的那天精心准备。

高考成绩出来后，我提心吊胆地打开成绩查询页面，五百八十多分，不高不低，只是文综比平常高了挺多，二百二十分，我心里暗自感谢这一切努力没有白费。因翻看过多页边磨毛的历史书，地理错题本上密密麻麻的知识点，政治书上逻辑清晰的思维导图终于化为我高考成绩单上的几个数字，成为我进入大学的通行证。

看吧，我依旧是一只普通的蝴蝶，没有别的蝴蝶那样鲜艳的颜色，纵使飞得不高，可我也能欣赏属于我的花园。所以亲爱的，无论怎样，你依旧是蝴蝶，你可以是黄色的，蓝色的，紫色的，白色的，甚至是黑色的，没有人能否认你破茧成蝶的过程，你想飞多高便飞多高，你只管欣赏凭自己努力得来的风景。

回望我的高中生活，逼仄，苦涩，痛苦，抬不起头，这些都是关键词。然而，光荣，向上，成功同样也是。

在大家的眼中，我无疑已经是高考的胜利者。全校排名第二，全市排名前十，全省排名的佼佼者，考进了全国前三的大学，好像一瞬间春风得意。

是的，当填好志愿，收到通知书的那一刻，我绷着的肩膀才稍稍放轻。

然而，在这之前，我的高中三年，灰暗才是底色。

初中的我，是小县城的佼佼者，在世人眼中是天之骄子。那时的我也局限于此，以为在高中也会顺风顺水。所以，高中我选择去市里读书，去高手如云的省重点。

像很多伤仲永的"才子"一样，在省重点高中读书的我很快没入人海，平平无奇。我到现在还记得第一次月考我的排名，全校一百二。请注意，我们全校人数较少，一百二十名意味着我当时只能够上一个普通的一本。是的，一本也不错，但是对当时心高气傲的我来说，无异于晴天霹雳。然而，这还只是个开始，来自小县城的我，从小到大没有补过课，甚至直到高中才知道需要额外买练习册做习题，当时我身边几乎所有的人都已经提前学习过高一的知识，甚至有些人的学习进度超过我近两年。从那以后，我的进度在很长一段时间跟不上周围的人。

当时影响我成绩的还有一点就是心情。独自在外求学，我真的很想家，要自己解决生活的所有问题，处理人际关系，往往要累到凌晨一两点才能上床睡觉，当时感觉人生已经到达了最黑暗的时刻。

我蹩脚的英语发音，艰涩的口语，难以理解的物理题，做不完的数学卷，跟不上的上课进度，一度让我崩溃。

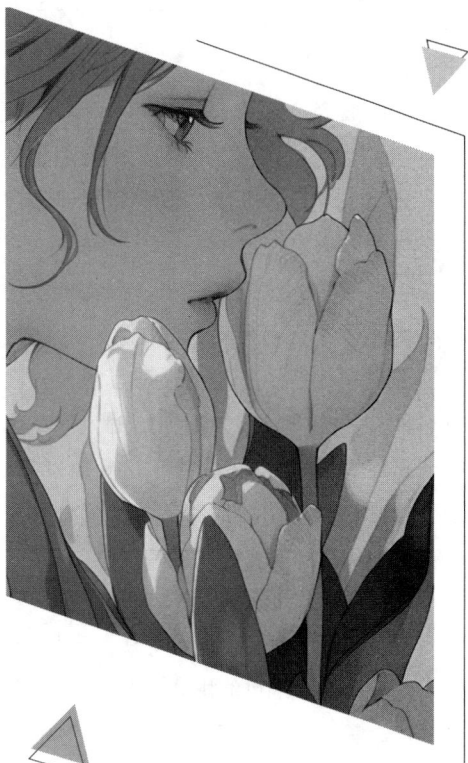

请相信苦尽甘来

✳ 余杏杏

加油，相信我们最后都拥有苦尽甘来的美好未来！

很多个深夜，我都在质疑我自己，当初读高中是正确的吗？来到陌生的城市远离父母是正确的吗？我很害怕最后的我一事无成。

现在的我回望过去，会觉得没什么大不了的，但是对当时的我来说，好像天塌了一样。于是我迷茫了很长一段时间。我相信，作为高中生的大家，高中三年肯定都有很多迷茫，会质疑自己，或者是很长一段时间的付出无法获得相应的回报，总是想要放弃。

那么我最后是怎样走出来的呢？我最后问了我自己几个问题。我将最好、中等、最次的可能排列出来。

第一，在最好的情况下，我的成绩蒸蒸日上，最终高考发挥出色，考上清北一类的学校。

第二，在中等的情况下，我维持在班级中游的角色，最终高考发挥一般，但是也能上一所还行的学校。

第三，在最坏的情况下，我成绩一直不好，最终考不上大学或者是考上一个很差的大学。

当时的我设想了这三种情况，我问我自己，我追求的是哪个选择，毫无疑问我选择了第一个选项，然后，花了一整晚，我思考这个问题。

考上清北需要什么？需要高考发挥出色，那么，高考考什么？

高考一考知识，二考心态。

当时的我已经意识到我的心态是阻碍我前进的重要一环，因为我的患得患失，我的爱面子，我的偶像包袱，让我放不下我曾经的光环，我无法正视自己的失败。

意识到了这一点之后，我花了一个月的时间，忘记过去，重新开始。我试图去忘记别人的关注，我只知道高考是一个长远的赛道，中间不怀好意的注视是障碍，我需要做的是大步迈开，朝着终点前进。

第二点是知识层面。首先我要对大家说，如果你是高一或者高二的学生，现在的成绩不能代表什么，现在的知识点没有掌握没关系，现在某些地方怎么想也想不明白，这些都没有关系，高二超车甚至高三超车的大有人在。如果你是高三的学生，那么看书加狂刷历年卷一定是效果加倍的。

所以，当时的我就意识到了没必要进行知识层面的焦虑，这里是指没必要和大神比知识层面，因为我们要明白，高中考的知识是有限的，虽然他比你提前掌握，但你一定能在高考前追平。

当放平了心态后，你会发现高中似乎也没有这么难熬，比如，老师每天上的课，我们认真学习之后，就是把我们的知识大网填补起来，每天只要进步一点点，我们的心都不是慌张的。

到了这一步，当你建立起一个超级强大的内心后，剩下的就是技术问题了，接下来我会较为详细地讲解我关于高考科目的一些心得方法。

首先，我们要明确一点，我们大部

分的老师都是很有经验的，在大部分时间，我们都要紧紧地跟着老师的步伐，同时着手自己的小计划，这之间的关系同学们可以根据自己的实际情况调节。

我是在新高考地区，但我相信学习方法是融会贯通的。

在语文学习方面，我的建议是分类学习，比如一张语文试卷可以分为选择题、问答题、作文，也可以分为论述类文本、文学类文本、古诗文，等等。那么我们可以通过分板块来快速掌握。举个例子，这一个星期，我专门练习语文选择题，每日写一张卷子上的语文选择题，将错题总结起来，特别是我们要推断错误思想，也就是说我们需要把我们做错这个题的思路写下来，下次避免。因为一个错误的思路会反映在不同的学科不同的题目很多次。我们还要推断正确答案的思路，以便下次同样套路及时运用。这一点是极其重要的，在多个学科中都要用到。在下一个星期，我专门练习问答题，以此类推，以这样的方式坚持，见效是很快的。

在数学学习方面，我认为应该要将书本知识和实际运用相结合。我的建议是书是一定要看的，一些基本概念、基本公式一定要烂熟于心，掌握核心的内涵，因为高考数学就是根据最基本的进行衍化，只有很了解基本概念，看到题目才能第一时间知道如何做。其次，大量的做题是不可避免的，分类做题和做套卷相结合，能使效果最大化。分类做题就是对数学题目进行归类，某一类题目，我们找到共同点，核心考点，掌握了就会做了。做套卷是保持感觉，要能一次性坚持做完两个小时的卷子，这对于日后真正上考场是极其有效的。

在英语方面，我认为词汇量是必不可少的。对于英语提升，我的建议也是分区提高，比如一段时间练听力，一段时间练阅读，如此循环往复，效果加倍。

请注意，这里我说的，是你自己的小计划复习，老师的进度我们也要同步跟上。

其余科目我只强调两点就是基础知识和题目联系，很普遍的两点，却是真理。对书本熟练的掌握度，大量的题海战术，以及思维的转变，我还是建议揣测出题人意图，分析答案，也就是研究我应该怎么想才能得出这个正确答案。

在这样的思想指导下，很快很快，我就追平了那些高手，成为班上的佼佼者。

当然，这个过程也很艰辛，但是我要告诉你们的是，一切皆有可能，只要你有坚强的意志，找到适合自己的学习方法，以及不害怕别人的目光，做好这是一场拉锯战的准备。

最后的最后，我考上了一个很好的大学，我相信你们也可以，可以实现你们心中的那个梦想。此刻的我是一名大一学生，我坐在大学宿舍的椅子上，敲下这些字，以我的经历来助力你们的梦想。加油，相信我们最后都拥有苦尽甘来的美好未来！